번역의 모험

원문을 죽여야 원문이 사는 역설의 번역론

번역의 모험

이희재 지음

교양인
GYOYANGIN

번역하다 떠오른 풀이와 표현을 적어두기 시작한 것은 기억이 안 날 때 처음부터 다시 궁리하는 데 들어가는 시간의 낭비를 피하고 싶어서였다. 시간은 걸렸지만 그런 자료가 쌓여 2009년에 《번역의 탄생》을 낼 수 있었다.

《번역의 탄생》은 영어와 일본어에 물들지 않은 한국어를 지향했고 《번역의 모험》에서도 그 지향점이 여전히 뜻깊다 생각한다. 하지만 초점은 조금 다르다. 《번역의 탄생》이 자연스러운 한국어를 추구했다면 《번역의 모험》은 문턱이 낮은 한국어를 추구한다.

독자의 투자 자원은 유한하다. 문턱이 낮은 글은 독자가 편히 정주행하도록 돕는다. 얼른 와닿지 않거나 모호한 대목 앞에서 독자가 급브레이크를 밟거나 다시 뜻을 살피려고 역주행하는 일이 없도록 가까운 말들을 모아주고 요소요소를 찔러주고 균형을 맞춰준다. 남발되는 쉼표 탓에 글이 자주 끊기지 않는지도 살피고 너무 띄워주는 바람에 주연을 압도하는 문장 속 조연은 슬쩍 무대 언저리로 밀어내기도 한다. 책 앞부분에 담은 7개의 장 '쉼표' '모으기' '찌르기' '흘려보내기' '맞추기' '낮추기' '살리기'는 문턱이 낮은 한국어를 지어내려던 고민의 산물이다.

영국에서 20년 동안 살면서 외국인들에게 한국어를 가르치다가 깨달은 것은 한글이라는 글자의 진입 장벽이 정말로 낮다는 사실이었다. 한글을 전혀 모르던 외국인 노인도 한 시간 오십 분의 수업이 끝나면 한글로 적힌 문장을 더듬더듬 읽어나갔다.

미국의 고전학자 콜린 웰스는 고대 그리스 문명을 낳은 원동력을 자음에만 기대어 틀에 박힌 생각밖에 담아내지 못했던 히브리어, 아랍어 등과 달리 모음과 자음으로 생각을 마음껏 나타낼 수 있게 해주었던 알파벳이라는 표현 수단에서 찾았다. 그러면서 한글은 알파벳보다 더 뛰어난 표현 수단이었다고 덧붙였다. 알파벳의 운용 원리가 원자론이라면 더 간단한 요소로 이뤄진 한글의 운용 원리는 양자론이었다. 반면 수만 개의 글자를 일일이 익혀야 하는 한자는 원리를 들이대기가 무색할 정도로 문턱이 높은 문자였다.

고대 그리스인은 생각을 중시하고 글자를 천시했다. 글자는 생각을 담아내는 도구일 뿐이라며 하찮게 여겼다. 그래서 글 쓰는 일도 노예에게 맡겼다. 조선의 문자 기득권층은 한자를 떠받들고 한글을 억눌렀다. 억눌린 한글은 바로 억눌린 국민이었다. 한글은 무섭도록 문턱이 낮은 글자였지만 조선은 무섭도록 문턱이 높은 사회였다. 조선인의 무한한 잠재력을 짓누른 한글 억압은 조선의 망국으로 이어졌다.

한글은 억압에서 완전히 풀려났을까. 잘못된 사이시옷과 띄어쓰기를 지적하면서 어설픈 맞춤법 원칙을 들이대는 사람들을 보면 한글은 온전한 자유를 아직 찾지 못한 듯하다. '사이시옷' '띄어쓰기' 2개의 장은 글을 소통의 수단이 아니라 배제의 수단으로 삼았던 조선 기득권층의 문자 권력 유습이 아직도 이어지고 있음을 알리고 싶어서 썼다.

문턱이 낮은 글 덕분에 독자는 자원을 덜 들이지만 역자는 자원을 더 들여야 문턱이 낮은 글을 지어낼 수 있다. 궁리를 더 해야 하니까 말이다. 하지만 자동번역의 시대에 번역가가 자기 직업의 존엄을 조금이라도 더 오래 지키는 길은 번역에 더 공을 들이는 길 말고는 없다.

외국어와 한국어 사이에는 아직도 안 뚫린 회로가 무궁무진하게 남아 있다고 오래전《번역의 탄생》에서 썼다. 지금도 같은 생각이지만 단순히 이 말과 저 말 사이의 회로만 안 뚫린 채로 남아 있는 것이 아니라는 생각이 든다. 우리가 살아가는 현실 곧 삶과 그 삶이 담겨지는 말 사이에도 아직 제대로 안 뚫린 회로가 허다하다는 생각이 들었다. 그래서 번역가로서 외도인 줄 알면서도 현실 번역의 오역을 다룬 《번역전쟁》과 《국가부도경제학》을 먼저 쓰고 이제서야 《번역의 탄생》 속편을 12년 만에 내놓는다.

문턱이 낮은 글이 좋은 글이고 문턱이 낮은 사회가 좋은 사회다. 작고한 기업인 김우중 회장은 세계는 넓고 할 일은 많다며 모험 정신을 강조했지만 세계는 넓고 읽어야 할 책, 옮겨야 할 책은 많다는 생각이 든다. 문턱이 낮은 글, 문턱이 낮은 사회를 꿈꾸는 번역자의 여정에 《번역의 모험》이 작은 동반자가 될 수 있기를 바란다.

2021년 10월 15일 이희재

머리말

1장

쉼표

한국어를 배우는 외국인은 한국어로 숫자 읽기를 어려워합니다. 아라비아 숫자를 쓸 때 세 자리마다 찍는 쉼표 탓입니다. 가령 이렇게 말이지요.

2,159,524

왜 세 자리마다 쉼표를 찍을까요. 영어권에서 세 자리마다 쉼표를 찍어서 그렇습니다. 영어권에서는 왜 세 자리마다 쉼표를 찍을까요. 세 자리마다 숫자 단위의 이름이 달라져서 그렇습니다. 가령 위 숫자를 영어로 읽으면 two million one hundred fifty-nine thousand five hundred and twenty-four입니다. 영어에서는 쉼표 앞의 자리만 읽을 줄 알면 됩니다. 오른쪽부터 첫째 쉼표 앞자리는 thousand 곧 '천'이고 둘째 쉼표 앞자리는 million 곧 '백만'입니다. 그래서 2,000,000은 million이 두 개 있다고 해서 two million이고 159,000은 thousand가 159개 있다고 해서 one hundred fifty-nine thousand입니다.

그런데 한국어는 네 자리마다 숫자 단위의 이름이 달라집니다. 영어는 one, ten, hundred 다음에 one thousand가 오고 다시 ten thousand, hundred thousand를 거쳐 one million이 되지만 한국어는 일, 십, 백, 천 다음에 만이 오고 다시 일만, 십만, 백만, 천만을 거쳐 일억, 십억, 백억, 천억으로 나아갑니다. 그래서 외국인에게 한국어 숫자 읽기를 가르칠 때는 마음속으로 쉼표를 네 자리마다 찍으라고 합니다. 그럼 아주 잘 읽습니다.

영어는 중국과 일본에서도 한국에서만큼이나 중요하지만 중국과 일본에서는 한국에서처럼 아라비아 숫자를 쓸 때 세 자리마다 꼬박꼬박 쉼표를 찍지 않습니다. 주식 시장은 한국, 중국, 일본 모두 있지만 오직 한국 주식 시장에서만 주가지수에 쉼표를 찍어줍니다. 누구를 위해서 쉼표를 찍어주는 것인지 납득이 잘 안 됩니다.

쉼표는 한국어 숫자 표기에서만 늘어난 것이 아닙니다. 한국어 문장에서도 쉼표가 부쩍 늘었습니다. 하지만, 따라서,

한국 주가 지수   중국 주가 지수   일본 주가 지수

더욱이, 다음에는 무조건 쉼표를 찍는 사람이 적지 않습니다. 영어에서 however, therefore, moreover 다음에는 쉼표를 찍으니까 그냥 따라서 찍는 거겠지요. 단어 차원에서만 그러는 것이 아닙니다.

그 여자가 자기소개를 안 했으면, 통 못 알아볼 뻔했다.
그 남자를 좋아한 적은 한 번도 없지만, 존경은 한다.
그 남자는 한번 마셨다 하면, 멈추질 못한다.

긴 문장이 아닌데도 별 생각 없이 글 안에 쉼표를 찍는 사람이 많습니다. 역시 영어의 영향 탓으로 보입니다.

그런데 영어에서 쉼표를 찍는 데에는 그럴 만한 사정이 있습니다. 가령 이런 영문이 있다고 합시다.

Although the shooting has stopped **for now** the damage is enormous.

이 영문은 모호합니다. '총격이 그쳤지만 당장은 피해가 막심하다'고 볼 수도 있고 '당장은 총격이 그쳤지만 피해가 막심하다'고 볼 수도 있습니다. 앞의 뜻이 되려면 for now 앞에 쉼표를 찍어야 하고 뒤의 뜻이 되려면 for now 뒤에 쉼표를 찍어야 합니다.

영어에서는 although 같은 접속사가 거느리는 종속절이 앞에 오면 종속절이 어디에서 끝나고 주절이 어디에서 시작되는지 알기 어려울 때가 있습니다. 그래서 종속절과 주절이 갈리는 곳에 쉼표를 찍어줍니다. 하지만 한국어에서는 '-지만' 같은 영어 접속사 although에 해당하는 어미가 문장 중간에서 종속절을 잘 매듭지어주므로 쉼표에 크게 안 기대어도 됩니다. 영문에서도 주절이 앞에 오면 종속절 앞에 쉼표를 안 찍어도 됩니다. 종속절을 이끄는 although 같은 접속사가 문장 중간에 박혀서 종속절이 어디에서 시작되는지를 잘 알려주니까요.

The damage is enormous for now **although** the shooting has stopped.

The damage is enormous **although** the shooting has stopped for now.

처음에 예로 든 세 국문은 아래 세 영문을 한국어로 옮긴 것입니다.

If she hadn't introduced herself, I would never have recognised her.

Although I have never liked him, I do respect him.

When he starts drinking, he can't stop.

종속절이 앞에 오는 영문을 쉼표까지 그대로 살리는 번역의 영향을 받아 한국어로 글을 쓸 때에도 기계적으로 쉼표를 찍는 사람이 많아졌습니다. 영문이든 국문이든 글쓰기의 이치는 같습니다. 군살 없는 글이 좋은 글입니다. 불필요한 쉼표는 글을 지저분하게 만듭니다.

한국어는 '-면' '-지만'뿐 아니라 '-고' '-며'처럼 어미가 발달해서 쉼표에 기대지 않고도 글을 얼마든지 길게 이어갈 수 있습니다.

1. 내가 관찰한 바로는 그 나라 국민은 애국심이 강하고, 재간이 많고, 외국이 자기네 문제에 간섭하는 것을 싫어하며, 어느 누구라도 그렇겠지만 스스로의 힘으로 평화와 번영을 누리고 싶어한다.

2. 내가 관찰한 바로는 그 나라 국민은 애국심이 강하고 재간이 많고 외국이 자기네 문제에 간섭하는 것을 싫어하며 어느 누구라도 그렇겠지만 스스로의 힘으로 평화와 번영을 누리고 싶어한다.

여러분은 쉼표를 찍은 문장 1과 안 찍은 문장 2 중 어느 쪽이 머리에 쏙쏙 들어오시나요? 고정관념인지도 모르지만 저는 글을 읽다가 쉼표를 만나면 자꾸 호흡이 끊기는 느낌이 들고 가독성도 떨어진다는 느낌을 자주 받습니다.

일본어는 한국어보다 쉼표를 훨씬 많이 씁니다. 한국어 원작에는 쉼표가 없어도 일본어 번역본에서는 쉼표를 찍을 때가 많습니다. 이렇게요.

가족들을 기다릴 즈음의 너의 엄마는 동네 사람들이나 시장통에서 만나는 사람들과 얘기할 때 단연 활기를 띠었고 은근히 자부심이 배어나는 몸짓과 말투를 보였다.

家族を待ちわびる頃のあなたのオンマは、近所の人たちや市場通りなどで出くわした顔見知りたちと立ち話をするときなど、俄然、活気を帯びていたばかりでなく、どことなく自負心が滲み出ているような振る舞いや言葉遣いをしてみせた。

신경숙 소설가가 쓴 《엄마를 부탁해》의 한국어 원문과 일본어판 번역문입니다. 일본어에서 쉼표를 많이 쓰는 이유는 띄어쓰기를 안 해서입니다. 띄어쓰기를 안 하면 글이 모호해질 수 있어서 쉼표를 찍는 것이지요. 하지만 한국어에서는 띄어쓰기를 하므로 짧은 문장 안에서 쉼표를 남발하면 글이 지저분해지고 가독성이 떨어집니다. 이렇게요.

가족들을 기다릴 즈음의 너의 엄마는, 동네 사람들이나 시장통에서 만나는 사람들과 얘기할 때, 단연, 활기를 띠었고, 은근히 자부심이 배어나는 몸짓과 말투를 보였다.

거꾸로 일본어 원문에 자주 박혔던 쉼표가 한국어판에서는 사라질 때가 많습니다.

どういう種類の本なのか、わたしには前回にも増やして興味があったが、題名を尋ねるのはやはり差し控えた。
무슨 책인지 더욱 궁금해졌지만 역시 제목을 묻는 것은 삼갔다.

소설가 무라카미 하루키가 쓴 《기사단장 죽이기》의 일본어 원문과 해당 문장을 옮긴 한국어판 내용입니다. 일본어 원문에 박힌 쉼표를 그대로 살려주었더라면 역시 글이 쓸데없이 지저분해지고 가독성이 떨어졌을 겁니다. 이렇게 말이지요.

무슨 책인지, 한층 궁금해졌지만, 역시 제목을 묻는 것은 삼갔다.

물론 쉼표가 꼭 필요할 때도 있습니다.

1. 첫째 통계를 보자.
2. 첫째, 통계를 보자.

다른 것은 접어두고 우선 통계부터 보자고 말하고 싶으면 문장 2처럼 쉼표를 찍어야 합니다. 다음은 어떻습니까.

나는 대학을 나왔고 장애가 없으며 내가 비판하는 사람들과 비슷한 방식으로 말을 하고 글을 쓴다.

이 문장은 내가 비슷한 방식으로 말을 하고 글을 쓰는 사람들이 누군가 하면 '대학을 나왔고 장애가 없으며 내가 비판하는 사람들'이라고 순간이나마 오독될 여지가 있습니다.

나라는 사람이 누군가 하면 '대학을 나왔고' '장애가 없으며' '내가 비판하는 사람들과 비슷한 방식으로 말을 하고 글을 쓰는' 사람임을 똑똑히 나타내려면 쉼표를 찍는 것이 좋습니다. 이렇게요.

나는 대학을 나왔고, 장애가 없으며, 내가 비판하는 사람들과 비슷한 방식으로 말을 하고 글을 쓴다.

비슷한 예를 하나만 더 들겠습니다.

1. 실력양성론자들은 조선이 일본의 식민지가 된 것은 후진국으로서 인격과 수양이 낮은 데 원인이 있는 만큼 정직하게 살고 성실하게 일하고 서로 화목해지도록 각자가 자기 인격을 높여야 한다고 역설했다.
2. 실력양성론자들은 조선이 일본의 식민지가 된 것은 후진국으로서 인격과 수양이 낮은 데 원인이 있는 만큼 정직하게 살고, 성실하게 일하고, 서로 화목해지도록 각자가 자기 인격을 높여야 한다고 역설했다.

문장 1에서는 각자가 자기 인격을 높여야 하는 이유는 '정직하게 살고 성실하게 일하고 서로 화목해지기 위해서'가 됩니다. 문장 2에서는 각자가 자기 인격을 높여야 하는 이유는 '서로 화목해지기 위해서'입니다. 문장 2에서는 '인격 높이기'는 '정직하게 살기' '성실하게 일하기'와 함께 세 가지 덕목 중 하나일 뿐입니다. 문장 1도 문장 2도 똑같이 말이 되지만 쉼표가 없으면 뜻이 정확히 전달되지 않습니다. 쉼표가 적재적소에 들어가야 모호했던 뜻이 분명해집니다.

*

쉼표는 서양에서 들어왔습니다. 그런데 서양에서도 쉼표 같은 문장부호를 처음에는 안 썼습니다. 고대 그리스에서 글은 입으로 소리 내어 낭송하라고 쓴 것이었지 눈으로 말없이 묵독하라고 쓴 것이 아니었습니다. 고대 그리스에서 수사학을 배우는 것은 정치인의 중요한 덕목이었습니다. 수사학이 중요했던 것은 글을 잘 쓰는 데 도움을 주어서가 아니라 말을 잘하는 데 도움을 주어서였습니다. 직접 민주주의가 발달했던 그리스에서 광장에 모인 군중을 설득하려면 정치인의 언변이 뛰어나야 했습니다. 말솜씨가 먼저였지 글솜씨는 뒷전이었습니다.

지나간 영국 작가 중에서 아서 쾨슬러, 힐레어 벨록처럼 온전히 책을 써서 생계를 꾸려간 다작 저술가는 비서에게 구술을 하는 경우도 있었지만 절대 다수의 현대 작가는 자기 머리에 떠오른 생각을 본인의 손으로 적어내려 갑니다. 하지만 고대 그리스의 저술가는 절대 다수가 구술에 기댔습니다. 작자가 불러주는 내용을 받아적는 서자가 따로 있었습니다. 서자는 주로 노예 아니면 노예 출신 자유민이었습니다. 대부분의 서자는 글은 깨쳤어도 학식이 아주 깊지는 않았습니다. 작자가 불러주는 내용을 문장부호와 띄어쓰기도 없이 무작정 받아적었습니다. 그래서 고대 그리스에서는 글을 안다고 해도 낯선 책을 선뜻 읽기가 어려웠습니다. 책을 소리 내어 읽는 것은 훈련받은 전문가의 몫이었습니다.[1]

로마 시대로 내려와서도 사정은 비슷했습니다. 아울루스 겔리우스라는 2세기 로마 작가는 처음 접하는 글을 사람들 앞에서 낭송해달라는 부탁을 받고 "내용도 모르는 생면부지의 글을 어떻게 읽는단 말인가 제대로 끊어읽지 못해 어지러울 텐데" 하며 난감해했습니다. 세르비우스라는 4세기 로마 문법학자는 한 낭송자가 트로이 함락 뒤 피난길에 올라 로마를 세웠다는 전설의 주인공 아이네아스의 유랑을 노래했던 베르길리우스의 서사시 《아이네이스》에 나오는 구절 collectamexiliopubem을 collectam exilio pubem(피난하려고 몰려든 사람들)이 아니라 collectam ex ilio pubem(트로이에서 몰려든 사람들)으로 잘못 읽었다며 나무랐습니다.[2]

쉼표, 콜론, 마침표 같은 문장부호는 사람들 앞에서 글을 소리 내어 읽는 낭송자나 글을 배우는 학생에게 끊어읽는 곳을 알리려고 기원전 3세기 알렉산드리아의 도서관에서 사서로 일하던 아리스토파네스라는 문법학자가 개발했습니다. 아리스토파네스는 점의 위치로 숨 길이를 구분했습니다. 꼭대기에 찍은 점은 숨을 가장 길게 쉬었고 지금의 마침표에 해당했습니다. 밑바닥에 찍은 점은 숨을 덜 쉬었고 지금의 콜론 곧 쌍점에 해당했습니다. 가운데에 찍은 점은 숨을 가장 짧게 쉬었고 지금의 쉼표에 해당했습니다.

하지만 고대 그리스의 대다수 저술가는 문장부호를 여전히 하찮게 여겼습니다. 로마에 들어와서도 마찬가지였습니다. 원래 로마는 단어와 단어 사이에 점을 찍는 전통이 있었지만 그리스 '선진' 문명에 압도된 나머지 그리스처럼 글자를 붙여썼습니다. 로마의 정치인이며 명연설가였던 키케로는 모름지기 글이란 리듬으로 읽어야 한다며 문장부호를 찍는 사람을 비웃었습니다.

하지만 기독교가 퍼지면서 사정이 달라졌습니다. 기독교인은 신의 말을 정확히 옮겨야 한다고 믿었으므로 오해의 여지가 없도록 글을 정확하게 쓰려고 했습니다. 그래서 6세기가 되면 기독교 저자는 본인의 책을 쓰면서 문장부호를 써넣기 시작했습니다. 고대 그리스와 로마 시대의 글은 입으로 한 말을 그대로 적어놓은 입글이었습니다. 글을 입으로 읽었습니다. 하지만 기독교 시대가 열리면서 기독교 교부가 쓴 글은 마음속의 믿음을 정확히 담아내려 했습니다. 뜻을 정확히 담아내려다보니 문장부호에 기댔고 문장부호 덕분에 글의 문턱이 낮아지다보니 글을 눈으로 빠르게 읽어나갈 수 있었습니다. 기독교 시대에 들어와서 글은 낭독하는 입글이 아니라 묵독하는 눈글로 바뀌어갔습니다. 세비야의 대주교 이시도르(560?~636)는 사장되었던 아리스토파네스의 문장부호를 재발굴해서 널리 알렸습니다. 이시도르는 글에 온전히 집중하기가 수월하다며 낭독보다 묵독을 권장했습니다.[3]

점이나 빗금으로 나타냈던 쉼표를 지금의 맵시 있는 꼬리점(,)으로 바꾼 사람은 이탈리아 르네상스를 선도한 베네치아의 출판업자 알두스 마누티우스(1449~1515)였습니다. 대항해시대가 열리기 전까지 유럽은 지중해를 통해 인도, 중국과 교역했는데 지중해 무역의 중심지가 바로 베네치아였습니다. 베네치아는 유럽의 아시아 무역을 독점하면서 엄청난 경제력을 쌓았습니다. 1453년 동로마제국 곧 비잔티움제국이 오스만제국에게 멸망하면서 베네치아는 문화 도약의 호기를 맞았습니다. 그리스어권이었던 비잔티움제국에서 그리스어에 능한 지식인이 베네치아로 대거 망명하면서 베네치아는 고대 그리스 문화 중흥의 거점이 되었고 출판업은 문화 중흥의 핵심이었습니다. 마누티우스는 중구난방이었던 문장부호 체계를 깔끔하게 가다듬었습니다. 마누티우스가 정리한 문장부호는 마누티우스가 찍은 인쇄본을 통해 유럽 전역으로 퍼졌습니다.

마누티우스는 글을 정확히 독해하는 데 중점을 두고 쉼표를 찍었지만 저자들은 숨 쉴 만한 곳이 되었다 싶으면 쉼표를 찍으면서 쉼표를 거침없이 써나갔습니다. 특히 영국에서 그런 경향이 두드러졌습니다. 영국의 저자들은 독자가 글을 읽어나갈 때 숨 쉬는 곳을 알릴 셈으로 쉼표를 찍었습니다. 낭독자의 쉼표였습니다. 조지프 로버트슨이라는 영국 평론가는 1785년에 낸 《구두법론》이란 문장부호 입문서의 서문에서 문장부호는 글을 명료하게 만들어주므로 글쓰기에서도 중요하지만 복잡한 문장을 적절히 끊어가며 멈출 곳을 나타내주므로 글읽기에서도 대단히 중요하다고 역설했습니다.[4]

로버트슨이 쉼표를 애용했다는 것은 쉼표가 적절히 들어간 문장의 예로 든 영문에서도 드러납니다. 지금은 모두 안 들어가야 좋은 쉼표들입니다.

1. The joys of youth soon vanish, like a pleasing dream.

달콤한 꿈처럼, 청춘의 환희는 곧 사라진다.

2. The book of Job is a book, full of the noblest and most majestic figures.

욥기라는 책은, 가장 고결하고 가장 기품 있는 인물이 가득하다.

3. Youth is the proper season, for cultivating humane and benevolent affections.

청춘이라는 계절은, 어질고 너그러운 품성을 가꾸기에 알맞다.

4. It is labour only, that gives a relish to pleasure.

맛이 배어든 즐거움은, 오직 노동에서만 얻는다.

5. Make no friendship with any one, whose morals are depraved.

질이 안 좋은 사람과는, 절대로 사귀지 말아라.

6. The navigation of the ancient Romans, was chiefly confined to the Mediterranean sea.

고대 로마인의 항해는, 주로 지중해에 국한되어 있었다.

문장이 조금 길어진다 싶으면 그냥 쉼표를 찍었음을 알 수 있습니다. 꼭 필요한 쉼표가 아니다보니 영탄조처럼 늘어지는 느낌을 주고 호흡이 끊깁니다. 특히 문장 4와 문장 5는 지금의 영문법 기준으로 따지면 틀렸습니다.

현대 영문법에서는 명사나 대명사를 수식하는 절이 해당 명사나 대명사를 문장 안에서 이해하는 데 꼭 필요한 내용인가 아닌가에 따라 핵심절, 비핵심절로 구별합니다. 가령 'The hotel that we stayed at was expensive'라는 문장에서 that we stayed at은 문장 안에서 호텔이 어떤 호텔인지를 아는 데 꼭 필요한 핵심절입니다. 주어 the hotel을 규정하는 데 꼭 필요한 핵심 성분인지라 that 앞에 쉼표를 찍어선 안 됩니다. 반면 'The Hilton Hotel in London, which we stayed at last year, was expensive'라는 문장에서는 '런던에 있는 힐튼 호텔이 비쌌다'가 요지입니다. '우리가 작년에 묵었던 호텔이었다'는 부수적 정보에 불과합니다. 그래서 앞뒤에 쉼표를 찍어서 구별해줍니다. 문장 4의 it은 that gives a relish to pleasure가 있어야만 명확히 규정됩니다. 따라서 that 앞의 쉼표는 빼야 합니다. 5번도 같은 이유로 whose 앞의 쉼표를 빼야 합니다. any one이 누구인지는 whose morals are depraved가 없으면 불분명하거든요. 문장 6은 주어 navigation과 동사 was 사이에 쉼표를 찍었지만 현대 영문법에서는 주어가 길다고 주어와 동사를 쉼표로 섣불리 끊어서는 곤란하다고 말합니다.

한마디로 옛날 작가들은 낭송의 전통에 아무래도 깊이 젖어 있어서 쉼표를 문장이 길 때 적당히 끊어서 숨 돌리는 곳으로 여겼지만 지금의 영어 작문에서는 쉼표를 쓸 때 명확한 이유와 명분이 있어야 합니다. 그래서 현대 영문에서는 쉼표가 예전보다 줄어드는 추세입니다. 현대 영작문의 전범을 제시했다고 평가받는 헨리 파울러의 《국왕 영어》(1906)는 쉼표를 쓸데없이 남용하는 글을 꼬집습니다. 일이 자주 끊기면 능률이 안 오르듯이 쉼표가 자주 튀어나오면 글을 읽다가 자꾸 멈춰서게 되어 가독성이 떨어진다는 것입니다. 흔히 정확성이 요구되는 과학 논문이나 철학 논문에서는 구두점을 많이 사용한다는 통설도 있지만 파울러는 그렇지 않다고 말합니다. 글을 쓰는 사람은 글을 읽는 독자에게 도움이 될 만큼만 구두점을 아껴서 써야 합니다.[5]

영어는 쉼표를 꼭 써야 할 때가 그래도 아주 많습니다. 가령 똑같은 단어의 반복을 피하려는 경향이 특히 글에서 강하게 나타나는데 이때 쉼표가 요긴하게 쓰입니다. 하지만 한국어는 똑같은 단어의 반복을 기피하는 언어가 아니므로 쉼표에 덜 기대도 됩니다.

The aim of orators is victory; of historians, truth; of poets, admiration.

1. 연설자의 목표는 승리이고, 역사가의 목표는 진실이고, 시인의 목표는 탄복이다.

2. 연설자의 목표는 승리이고 역사가의 목표는 진실이고 시인의 목표는 탄복이다.

영어는 주어 aim과 동사 is를 딱 한 번씩만 썼지만 한국어는 주어 '목표'와 동사 '이다'를 세 번 꼬박꼬박 써줬습니다. 그러니 여기에 쉼표까지 더 찍으면 글이 그만큼 지저분해집니다.

물론 글을 문법과 논리만 따져서 써야 하는 것은 아닙니다. 문장 안에서 꼭 필요한 요소라 할 수 있는 주어, 목적어, 서술어는 말하자면 문장의 핵심 성분이기에 쉼표를 찍는 데 제약이 따르지만 부사는 안 그렇습니다. 부사가 없다고 해서 문장이 불완전해지는 것은 아닙니다. 이 말은 부사가 문장 안에서 상대적으로 독립성을 유지하므로 쉼표를 넣고 안 넣고를 글 쓰는 사람이 선택할 여지가 넓다는 뜻입니다.

I cannot do it, now.

어제는 할 수 있었을지 몰라도 지금은 못한다면서 부사 '지금'을 강조하려고 영문에서 쉼표를 넣었습니다. 한국어는 강조하고 싶을 때 '은/는'이라는 조사를 쓸 수 있으므로 '지금, 못해'가 아니라 '지금은 못해'처럼 쉼표에 안 기대어도 강조의 뜻을 온전히 전할 수 있습니다.

쉼표를 아껴 쓰자는 것이지 쉼표를 아예 쓰지 말자는 것이 아닙니다. 앞의 예문에도 잠깐 나왔지만 영어에는 세미콜론이라는 것이 있습니다. 세미콜론은 쉼표보다 두 배쯤 길게 끊어읽는 느낌을 줍니다. 가령 이런 문장이 있습니다.

In the eclogue there must be nothing rude or vulgar; nothing fanciful or affected; nothing subtle or absruse.

1. 전원시 안에는 무식하거나 상스러운 것이 없어야 하고 공상적이거나 가식적인 것이 없어야 하고 교묘하거나 난해한 것이 없어야 한다.

2. 전원시 안에는 무식하거나 상스러운 것이 없어야 하고, 공상적이거나 가식적인 것이 없어야 하고, 교묘하거나 난해한 것이 없어야 한다.

쉼표를 안 찍은 문장 1 같은 번역도 괜찮지만 쉼표보다 호흡이 긴 세미콜론을 쉼표로 살려낸 문장 2도 세미콜론의 번역으로 훌륭하다고 생각합니다. 하지만 번역자가 원문의 긴 호흡을 쉼표로 아무리 살려려 했다 하더라도 평소에 쉼표가 범람하는 글에 독자가 너무 젖어 있다면 번역자가 모처럼 살려낸 쉼표는 빛을 발하지 못하겠지요. 독자가 쉼표에 무감각해져 있을 테니까요. 쉼표를 아껴서 써야 하는 것은 그래서 입니다.

쉼표는 영어 같은 서양어에서 단어와 단어의 수식 관계를 잇고 끊으면서 명료한 문장을 쓰는 데 꼭 필요한 자리를 꿰어찼습니다.

The speakers, who arrived last night, were able to meet the students.

위의 영문을 '어젯밤에 도착한 연사들은 학생들을 만날 수 있었다'고 옮기면 정확한 번역이 아닙니다. 한국어 번역은 '어젯밤에 도착하지 않은 연사들도 있고 그 연사들은 학생들을 못 만났다'는 뉘앙스를 풍깁니다. 하지만 영문은 앞뒤에 쉼표를 찍어주어 '연사들은 어젯밤에 모두 도착했다'고 분명히 밝힙니다. 그러니 '연사들은 어젯밤에 도착했고 학생들을 만날 수 있었다'로 옮겨야 정확합니다.

쉼표는 이렇게 서양어에서 필수적 역할을 맡을 때가 많습니다. 그러다보니 쉼표가 많이 들어간 서양어 문장에 익숙해진 한국인의 한국어 문장에도 쉼표가 많이 들어왔습니다. 쉼표는 글이 치밀하고 분석적이라는 느낌을 독자에게 주고 독자가 세부에 집중할 수 있도록 만들어주는 순기능도 있지만 너무 많으면 글의 흐름을 끊습니다. 내용은 같습니다만 쉼표가 많이 들어간 글과 거의 안 들어간 글을 한번 비교해서 읽어보시기 바랍니다.

1. 사람들의 말-표정, 그 속에 담겨 있는 증오·사랑·연민 등등을 읽어내는 데 지칠 대로 지쳐, 대부분의 경우 술로 그 지친 의식을 재우다가, 혼자 혹은 마음 놓을 수 있는 친구와 사람들이 없는 산이나 들로 나가, 서로 아무 말도 나누지 않고—친하다는 것은 아무 말을 나누지 않아도 불편하지 않다는 뜻이다—서너 시간 돌아다니면, 사람들에 대한 지나친 감정은 어느 틈엔지 가라앉고, 산속의 한 이름 없는 나무가 되어, 혹은 들의 잡초가 되어, 자연의 거대한 움직임의 한 부분이 된다. 그래서 그곳이 살 만한 곳이며, 그곳에서 살면 행복해지겠다는, 그 이유를 알 수 없는 묘한 확신이 생겨난다. 그 확신은 그곳에 다시 와야겠다는 다짐의 결과가 아니라, 다시 오고 안 오고는 관계없이, 그곳이 좋은 곳이라는 확인의 결과이다. 살 만한 곳이라고 느낀 곳에서 나와, 어쩔 수 없이—삶이란 이 어쩔 수 없음의 연속이다—집으로 되돌아오거나, 사람들 사이에 다시 끼게 될 때, 그 확인은 어느덧 사라지고, 나는 다시 말로 **설명될 수 있고, 있어야 하는** 세계 속에 빠져 있다.[6]

2. 사람들의 말-표정과 그 속에 담겨 있는 증오 사랑 연민 등등을 읽어내는 데 지칠 대로 지쳐 대부분의 경우 술로 그 지친 의식을 재우다가 혼자 혹은 마음 놓을 수 있는 친구와 사람들이 없는 산이나 들로 나가 서로 아무 말도 나누지 않고—친하다는 것은 아무 말을 나누지 않아도 불편하지 않다는 뜻이다—서너 시간 돌아다니면 사람들에 대한 지나친 감정은 어느 틈엔지 가라앉고 산속의 한 이름 없는 나무가 되어 혹은 들의 잡초가 되어 자연의 거대한 움직임의 한 부분이 된다. 그래서 그곳이 살 만한 곳이며 그곳에서 살면 행복해지겠다는 그 이유를 알 수 없는 묘한 확신이 생겨난다. 그 확신은 그곳에 다시 와야겠다는 다짐의 결과가 아니라 다시 오고 안 오고는 관계없이 그곳이 좋은 곳이라는 확인의 결과이다. 살 만한 곳이라고 느낀 곳에서 나와 어쩔 수 없이—삶이란 이 어쩔 수 없음의 연속이다—집으로 되돌아오거나 사람들 사이에 다시 끼게 될 때 그 확인은 어느덧 사라지고 나는 다시 말로 설명될 수 있고 있어야 하는 세계 속에 빠져 있다.

앞글이 원글입니다. 사람들 속에서는 좋든 싫든 끝없이 사람들의 속마음을 헤아려야 하기에 심신이 고달프지만 자연 속에서 호젓이 거닐다 보면 마음이 편안해진다는 생각을 섬세하게 그렸습니다. 하지만 쉼표가 많은 이 글을 읽기가 편하지만은 않았습니다. 가령 마지막 문장을 크게 두 토막으로 나눈다면 그 분기점은 '때'입니다. '나와'나 '되돌아오거나'가 짊어지는 말들의 짐은 '때'가 짊어지는 말들의 짐보다 가볍습니다. 그런데 여기에 똑같이 쉼표를 찍어주니 짐이 인위적으로 똑같아 보여서 읽어나가는 흐름이 자꾸 끊깁니다. 뒷글은 원글에서 쉼표를 뺀 글입니다. 느끼는 감정을 진솔하게 글쓴이가 워낙 물 흐르듯 써내려간 글이라 쉼표를 없앴는데도 모호한 구석이 없습니다. 그래서 쉼표가 들어간 앞글보다 쉼표를 뺀 뒷글이 더 잘 읽힙니다.

원글에서 빼면 곤란하다고 말할 수 있는 쉼표는 '그 확신은 그곳에 다시 와야겠다는 다짐의 결과가 아니라, 다시 오고 안 오고는 관계없이, 그곳이 좋은 곳이라는 확인의 결과이다'에 찍힌 두 개의 쉼표입니다. 이 쉼표들이 없으면 확인의 내용이 '그곳이 좋은 곳이라는 사실'인지 '다시 오고 안 오고는 관계없이 그곳이 좋은 곳이라는 사실'인지 모호하거든요. 쉼표들이 앞뒤에서 주변 단어들의 틈입을 막아주므로 확인의 내용은 '그곳이 좋은 곳이라는 사실'로 확정됩니다.

앞글에는 쉼표를 찍는 바람에 오히려 뜻이 모호해지는 곳도 두 군데 있습니다. 고딕체 글씨로 나타낸 곳입니다. '살 만한 곳이라고 느낀 곳에서 나와, 어쩔 수 없이'에서 '나와'는 '나와서'가 아니라 '나하고'라는 뜻으로 잠깐이나마 잘못 읽힐 수도 있습니다. 이어지는 글을 읽으면 '나하고'가 아니라 '나와서'로 분명히 읽게 되겠지만 혹시라도 '나하고'로 읽었던 독자는 다시 앞으로 돌아가서 되읽어나가야 하므로 그만큼 기운을 허비하고 맙니다.

'설명될 수 있고, 있어야 하는'은 더 큰 오해를 낳을 수 있습니다. 앞에서 말한 대로 서양어는 반복을 싫어하는 언어라서 '설명될 수 있고 설명될 수 있어야 하는'이라는 구문에서 '설명하다'에 해당하는 동사를 한 번만 써주고 가능의 조동사, 당위의 조동사를 쉼표로 구별합니다. 원글은 그런 반복 기피 유럽어 구문에 익숙한 평론가의 글입니다.

하지만 한국어는 반복을 기피하는 언어가 아닙니다. 그래서 앞에 나온 명사를 대명사로 처리하기보다는 명사를 되풀이해도 괜찮습니다. 특히 이 글에서는 '있어야 하는' 다음에 '세계 속에'라는 장소의 표현이 있어서 독자가 '설명될 수 있고 설명될 수 있어야 하는'으로 받아들이지 않고 '(내가) 있어야 하는 세계 속에'로 잠시나마 착각할 수 있습니다. '있어야 하는' 앞에 쉼표를 찍어주는 바람에 그런 오독의 위험성이 더 높아집니다. 뒷글에서는 '설명될 수 있고 있어야 하는'으로 고쳤지만 한국 독자를 위해서는 '설명될 수 있고 설명될 수 있어야 하는'이라고 쓰는 것이 더 분명하고 친절한 글이 아닐까요. 자연에서 느끼는 감정의 흐름을 물 흐르듯 섬세하게 그려낸 글쓴이의 유려한 글이 불쑥불쑥 튀어나오는 쉼표 탓에 끊기는 듯한 아쉬움이 남아서도 그렇습니다.

아일랜드 작가 제임스 조이스는 《율리시스》라는 소설의 마지막 장을 침대에 누운 주인공 아내의 마음속 독백으로 마무리지었습니다. 그런데 40쪽이 넘고 2만4천 개가 넘는 단어로 이루어진 마지막 장에서 마침표를 겨우 두 번 쉼표를 겨우 한 번 찍었습니다. 생각과 생각이 꼬리에 꼬리를 물고 이어지는 의식의 흐름을 생생히 잡아내려는 작가의 선택이었습니다. 쉼표가 없는 긴 글을 외국인 독자가 따라가기란 물론 쉽지 않습니다. 마지막 장의 서두를 잠깐 소개하면 이렇습니다.

Yes because he never did a thing like that before as ask to get his breakfast in bed with a couple of eggs since the City Arms hotel when he used to be pretending to be laid up with a sick voice doing his highness to make himself interesting to that old faggot Mrs Riordan that he thought he had a great leg of and she never left us a farthing all for masses for herself and her soul greatest miser ever was actually afraid to lay out 4d for her methylated spirit telling me all her ailments she had too much old chat in

her about politics and earthquakes and the end of the
world let us have a bit of fun first God help the world
if all the women were her sort down on bathingsuits
and lownecks of course nobody wanted her to wear I
suppose she was pious because no man would look at
her twice I hope Ill never be like her a wonder she didnt
want us to cover our faces but she was a welleducated
woman certainly and her gabby talk about Mr Riordan
here and Mr Riordan there I suppose he was glad to get
shut of her ……

달걀 두어 알 부쳐서 침대로 아침을 갖다달라니 그런 부탁
은 그때 이후론 한 번도 한 적이 없는 사람이거든 시티암스
호텔에 드러누워 속으론 자기처럼 남자 다리라고 생각하면서
그 심술 여사 리요단 부인 눈에 들어 상전 대접이라도 받아볼
까 아픈 소리를 냈을 때 이후론 그 여자는 우리한테 땡전 한
푼 안 남기고 죄다 미사에다 본인에다 박고 그런데 본인의 영
혼은 얼마나 수전노인지 본인이 쓸 메틸알코올 사는 몇 푼도
아까워 벌벌 떨고 그러면서 온갖 병을 달고 사는 내내 케케묵
은 수다나 떨어쌓고 정치가 어떻고 지진이 어떻고 세상의 종
말이 있다면 일단은 좀 즐겨야지 하느님 세상 모든 여자가 당
연히 아무도 그 여자가 입기를 바라지 않을 수영복과 목이 파

인 옷을 입었을 때 그 여자처럼 보인다면 부디 세상을 굽어살 피소서 그 여자가 경건한 건 어떤 남자도 그 여자를 두 번 쳐 다보지 않아서겠지 난 절대로 그 여자처럼 안 됐으면 좋겠고 왜 그 여자가 우리더러 얼굴을 가리고 다니라고 요구하지 않 는지 알다가도 모를 일이지만 그래도 제대로 배운 여자인 건 맞는 게 자기 서방이 이랬었다 주절 자기 서방이 저랬었다 주 절 그래도 리요단 씨는 부인이 없어져서 좋았겠지만……

문학어는 번역이 쉽지 않습니다. 작가가 쓴 단어와 문구의 뜻을 정확히 알려면 해당 작품 하나뿐 아니라 작가가 쓴 모 든 작품, 작가의 삶도 고스란히 알아야 해서 그렇습니다. 창 조적이고 실험적인 작가일수록 그렇습니다. 단어 하나를 제 대로 옮기려면 그 작가의 삶과 모든 작품을 아우르는 거대 한 맥락에 두고 이해해야 합니다. 《더블린 사람들》이라는 주 옥같은 단편집 말고는 제임스 조이스의 소설을 정독한 적이 없는 사람의 어설픈 번역이니 그저 맛보기라고 이해해주십시 오.

그런데 작가 최인훈도 제임스 조이스의 실험에서 영감을 얻은 듯합니다. 제임스 조이스가 쉼표에 안 기대고 한 아일 랜드 여성의 내면의 궤적을 따라간 것처럼 최인훈은 연작 단 편 〈총독의 소리〉에서 해방 이후에도 조선을 떠나지 않고 지하로 숨어든 가상의 조선총독부에서 한국은 여전히 친일파가 지배하는 세상이라며 자신감을 토로하는 방송을 들은 시인의 침울한 내면을 그려냅니다. 시인의 독백은 단 하나의 쉼표만 찍으면서 4쪽 이상 이어집니다. 시인의 마음속 독백을 조금 들여다봅니다.

방송은 여기서 뚝 그쳤다. 시인은 어둠을 내다보았다. 그리고 창틀을 꽉 움켜잡으며 귀를 기울였다. 그 소리는 더는 들리지 않았다. 넝마를 입었으면서 의젓해 보이려고 안간힘하는 자기를 사랑하면서 거기에 엿보이는 허영을 부끄러워한다는 데 무슨 구원이 있는가고 물을 만한 힘을 가지고 있는 것을 저주하면서 진창에 떨어진 백조라고 자신을 꾸미고 싶어하는 마음에 매일 날에날마다 깊은 밤 피흐르는 매질을 가하면서 방대한 헛소문이 엉킨 電線들의 잡음처럼 뜻없는 푸른 불꽃을 튀기는 속에서 갈피 있는 통신을 가려내기 위해서 원시의 옛날의 울울한 숲에서 먼 천둥 소리를 가려 듣던 원시인의 귀보다 더욱 초라한 가난한 장치를 조작하면서 이 세상의 악의와 선의의 목소리를 알아들으려는 나를 죽이려는 움직임과 나에게 따뜻한 지평선을 가리키는 손길 끝의 무지개를 알아보려는 마음으로 영광이 없는 시대에 영광을 가지려는 발버둥이 나 혼자만의 힘으로 될 수는 없는 일이라고 해서 그것을 팽개쳐버리는 것은 용사의 길이 아니라는 것을 안다고 해서 그것이 문제에 무슨 도움이 될 것인가고 쓰디 쓰게 웃는 자기를 매번 죽여가면서 자기에게 용기가 없다는 것이 이 세상에 정의가 존재하지 않는다는 증명은 될 수 없다는 생각을 인색함이 없이 받아들이려는 머릿속의 용기는 주장하면서 한 여자를 사랑하고 싶은 젊은 생명과 인간답게 살았다는 회상의 명예 사이에 가로 놓인 수많은 강과 골짜기와 이끼 낀 늪과 독을 품은 뱀과 이빨과 밥통만을 위해 사는 커다란 짐승들의 딱 벌린 입속에서 흐르는 침을 바라보면서 그것들을 넘어서고 때려눕힐 힘과 지혜가 모자람에 절망하여 가슴에서 피를 쏟으면서 쏟은 피의 번진 자국에서 집시의 여자가 구슬 들여다보듯 무당이 죽은 아이의 손목에 귀를 기울이듯 계시를 찾아내려 애쓰면서 끊어진 다리를 이어놓기 위하여 돌을 나르며 역사가 부숴놓은 마을을 말의 힘으로 불러내는 연금술을 발견하기 위하여 거짓 마술사들이 슬픈 밤의 외로움을 달래기 위하여 함부로 적어놓은 미친 연구 기록과 악귀와 적들이 우리를 호리기 위하여 우리들이 가는 길목과 생각의 갈피에 짐짓 떨어뜨려놓은 독이 든 먹이를 가려보기 위하여 굶주린 창자에게 염치를 가르쳐 가면서 ⋯⋯

잡다한 상념이 두서없이 공존하는 《율리시스》 주인공 아내의 조금은 어지러운 내면과 달리 〈총독의 소리〉 주인공 지식인의 내면은 그릇된 현실 인식과 그런 현실을 바로잡아야 한다는 인식이 긴장을 빚으면서 쉼표가 없기에 오히려 옆길로 새지 않으면서 현실이라는 과녁으로 오롯이 날아가는 화살의 궤적으로 살아납니다. 쉼표에 기대지 않는 글의 힘이 아닐까요.

쉼표는 분명히 글의 문턱을 낮췄지만 쉼표에 너무 기대면 글을 다듬는 데 시간을 덜 들이기 십상입니다. 고전 라틴어의 틀을 명료하게 확립한 키케로는 글을 쓰는 사람이라면 문장부호에 기대지 말고 글 자체의 짜임새와 리듬으로 승부를 걸어야 한다고 말했습니다. 쉼표가 없어도 머리에 잘 들어오는 글이 좋은 글입니다. 단어의 위치에 따라 글이 흐려지고 밝아집니다.[7]

책은 정조 24년 초 정조가 사망하기 겨우 몇 달 전에 완성되었다.

위 문장은 모호합니다. 정조 24년 초에 정조가 사망한 것인지 책이 완성된 것인지 모호합니다. 쉼표를 좋아하는 사람은 쉼표를 찍어 모호함을 없애겠지요. 이렇게요.

책은 정조 24년 초, 정조가 사망하기 겨우 몇 달 전에 완성되었다.

하지만 쉼표를 아껴 쓰는 사람은 '정조 24년 초'를 '완성되었다'에 바짝 붙여서 쉼표 없이도 문장을 명료하게 만듭니다.

책은 정조가 사망하기 겨우 몇 달 전 정조 24년 초에 완성되었다.

영어에서도 한국어에서도 시간이나 장소를 나타내는 부사어는 위치가 비교적 자유롭다고 흔히들 말합니다. 하지만 처음부터 그랬을까요. 문장부호를 안 쓰던 옛날에는 문장이 모호해지지 않도록 부사를 그 부사가 돕는 동사 옆에 바짝 붙이지 않았을까요. 문장 안에서 단어의 위치가 지금보다 훨씬 중요하지 않았을까요. 그런데 문장부호가 생겨나 문장부호에 기대면서 의존심이 생겨서 명료했던 위치 감각이 흐려진 게 아닐까요.

서양에서 입으로 읽는 낭독 문화가 눈으로 읽는 묵독 문화로 바뀐 것은 15세기 중반에 일어난 인쇄 혁명으로 책이 대량으로 보급되기 시작하면서부터라고들 말합니다. 하지만 서양 문장부호의 역사를 연구한 영국의 서지학자 맬컴 파크스에 따르면 독서 풍토를 낭독에서 묵독으로 바꾼 주역은 문장부호입니다. 묵독은 인쇄기가 없어서 책이 귀했던 중세의 수도원에서도 이미 지배적 독서 문화였습니다. 문장부호는 독서의 진입 장벽을 낮추어 묵독의 길을 터주었습니다. 하지만 조지프 로버트슨의 《문장부호론》에서도 알 수 있듯이 문장부호는 글을 지저분하게 쓰는 문화도 낳았습니다.

쉼표는 아껴야 합니다. 그래야 꼭 필요한 순간에 쉼표가 빛을 발합니다. 쉼표는 쉼표에 둔감해지지 않은 사람에게만 선명한 이미지를 남깁니다. 이렇게 말이지요.

종소리가 댕댕댕댕 울린다. 귀가 다 먹먹하다. 성당지기를 겸하는 가이드의 관광 안내가 끝난다. 신자 몇 사람이 백지에 찍힌 쉼표 몇 개처럼 들어오고 나도 그 옆에 가서 앉는다.[8]

문장부호도 없었고 띄어쓰기도 없었던 고대 그리스에서 호메로스의 서사시 《오디세이아》를 읽을 줄 아는 사람은 극소수였겠지요. 하지만 낭송자의 입을 통해 울려퍼지는 그리스 영웅의 모험담은 그리스 사람들의 심금을 울렸을 겁니다. 호메로스의 서사시는 문장부호는커녕 글자도 없었던 아득히 먼 옛날부터 구전되어온 노래였기에 그리스어 특유의 박자가 깔려 있었을 것이고 청중은 귀에 송곳처럼 들어와 박히는 선조의 영웅담을 들으며 울고 웃었을 겁니다. 눈으로 읽는 《오디세이아》는 난해했어도 귀에 들리는 《오디세이아》는 명쾌했을 겁니다. 문장부호에 기댈 수 없었던 고대 그리스의 작가는 문장부호에 기대는 현대 그리스의 작가보다 맑고 깨끗한 그리스어를 구사하지 않았을까요.

태초에 있었다던 것은 말이지 글이 아닙니다. 글은 말을 적은 데 불과합니다. 그런데 문장부호를 등에 업고 글이 말을 밀어내고 자꾸 주인 노릇을 하면서 어깨에 힘이 들어간 글과 어지럽고 배배 꼬인 글이 늘어났습니다. 글이 주인공으로 군림한 시간은 기나긴 인류 역사에서 찰나입니다. 말이 중심이 되는 시대가 다시 왔습니다. 영화가 각광받고 유튜브 크리에이터가 뜨는 세상입니다.

말하듯이 글을 써야 합니다. 글처럼 쓰려고 하는 문장은 지저분해지기 쉽습니다. 말하듯 쓰려고 하는 문장은 저절로 깨끗해집니다. 문장부호에 안 기대고 소리만으로 청중을 사로잡았던 고대 그리스의 시인처럼 글을 써야 합니다. 소리만으로도 말뜻을 알아들으려면 '완성시켰다'는데 언제 완성시킨 것인지 몰라 허전할 수밖에 없는 동사의 앞자리를 '정조 24년 초'로 채워주어야 합니다. 쉼표가 남발되는 바람에 멀어진 부사와 동사를 되모아야 합니다. 다음 장의 주제는 '모으기'입니다.

2장
모으기

로드리고 두테르테 필리핀 대통령은 6일 문재인 대통령과의 정상회담차 방한해 자국 교민행사에서 여성에게 키스한 것에 대한 비판에 '질투하는 것'이라고 반격했다.

위 문장에서 6일은 필리핀 대통령이 한국 대통령과 정상회담을 하기로 한 날인가요 아니면 방한한 날인가요. 필리핀 교민행사가 있던 날인가요 아니면 필리핀 대통령이 반격한 날인가요. 만약 비판에 반격한 날짜라면 쉼표를 찍어서 모호함을 없앨 수 있겠지요. 이렇게요.

로드리고 두테르테 필리핀 대통령은 6일, 문재인 대통령과의 정상회담차 방한해 자국 교민행사에서 여성에게 키스한 것에 대한 비판에 '질투하는 것'이라고 반격했다.

하지만 무심코 쉼표를 더 찍으면 쉼표는 변별력을 잃어버려 문장은 다시 모호해지고 맙니다. 이렇게요.

로드리고 두테르테 필리핀 대통령은 6일, 문재인 대통령과의 정상회담차 방한해, 자국 교민행사에서 여성에게 키스한 것에 대한 비판에, '질투하는 것'이라고 반격했다.

쉼표를 아껴야 하는 것은 그래서입니다. 저자가 쉼표를 남발하면 독자도 쉼표에 둔감해져서 글에 박힌 쉼표가 제 역할을 못하고 맙니다.

그런데 쉼표를 아껴서 6일 바로 다음 자리 딱 한 곳에만 써주었다 하더라도 라디오로 이 뉴스를 듣는 사람은 쉼표를 눈으로 볼 수 없기에 문장은 여전히 흐릿하게 들립니다. 따라서 만일 6일이 정상회담 날짜라면 '6일 정상회담차'로, 방한 날짜라면 '6일 방한해'로, 교민행사 날짜라면 '6일 자국 교민행사에서'로, 반격한 날짜라면 '6일 반격했다'로 날짜와 사건을 붙여주어야 합니다.

부사가 있어야 할 자리는 부사가 도우려는 동사의 바로 옆자리입니다. 부사가 제자리에 놓여야 문장이 안정됩니다.

I go back to the car, thinking how good it is there **are still** people who, though total strangers, can be so selflessly helpful.

1. 나는 아직 **생면부지**의 사람을 이렇게 사심 없이 도와주는 사람이 있다니 세상이 따뜻하다 여기며 차로 돌아간다.

2. 나는 생면부지의 사람을 이렇게 사심 없이 도와주는 사람이 **아직** 있다니 세상이 따뜻하다 여기며 차로 돌아간다.

부사를 대충 두면 문장 2의 '아직 있다'가 문장 1처럼 '아직 생면부지'로 잘못 읽힐지 모릅니다. 제대로 놓인 부사는 글의 집중도를 높입니다.

1. 옳고 그름을 따지는 문제가 늘 그렇지만 **물론** 경계선을 긋기가 아주 어려운 애매한 영역이 꽤 있다.

2. 옳고 그름을 따지는 문제가 늘 그렇지만 경계선을 긋기가 아주 어려운 애매한 영역이 **물론** 꽤 있다.

1. **무심결**에 내가 바라던 것이 모두 여기 있구나 하는 생각이 들었다.

2. 내가 바라던 것이 모두 여기 있구나 하는 생각이 **무심결**에 들었다.

1. 갑자기 신문사에서 얼마를 받는지 조건이 무엇인지 **궁금해졌다.**

2. 신문사에서 얼마를 받는지 조건이 무엇인지 **갑자기 궁금해졌다.**

1. 실력은 안 뒤지는데도 곧 승진에서 남자에게 **밀린다.**

2. 실력은 안 뒤지는데도 승진에서 남자에게 **곧 밀린다.**

1. **매번 뭐 잡으셨냐** 물어보면 돌아오는 대답은 한 마리도 못 잡았어요인데.

2. 뭐 잡으셨냐 물어보면 **매번 돌아오는** 대답은 한 마리도 못 잡았어요인데.

1. 이런 반론에 저는 **먼저 재산을 복구하려는** 우리의 노력은 완전함을 추구하지 않고 기존 체제의 상당한 보편적 지각변동조차 추구하지 않는다는 답변을 드립니다.

2. 이런 반론에 저는 재산을 복구하려는 우리의 노력은 완전함을 추구하지 않고 기존 체제의 상당한 보편적 지각변동조차 추구하지 않는다는 **답변을 먼저 드립니다.**

1. 안토니오 지 몬테지노스라는 포르투갈인이 아메리카에

서 돌아와서 사라진 이스라엘 열 부족의 후예를 찾아냈다고 주장했다.

2. 안토니오 지 몬테지노스라는 포르투갈인이 사라진 이스라엘 열 부족의 후예를 찾아냈다고 아메리카에서 **돌아와서 주장했다.**

1. 신중하고 절도 있게 찍어내는 돈은 공동체를 살리는 피가 되고 살이 된다는 것을 **이미 국가도 아니었고** 그저 영국의 식민지였던 시절에 펜실베이니아가 증명했습니다.

2. 신중하고 절도 있게 찍어내는 돈은 공동체를 살리는 피가 되고 살이 된다는 것을 국가도 아니었고 그저 영국의 식민지였던 시절에 펜실베이니아가 **이미 증명했습니다.**

1. 그동안 중국과 일본에만 수출되던 콜롬비아의 아보카도가 **드디어 오랜 노력 끝에** 한국에도 수출되기 시작했습니다.

2. 그동안 중국과 일본에만 수출되던 콜롬비아의 아보카도가 오랜 노력 **끝에 드디어** 한국에도 수출되기 시작했습니다.

1. 5년 만에 100년 된 선두주자 도레이와 듀폰을 따라잡은 한국의 중소 기업이 있습니다.

2. 100년 된 선두주자 도레이와 듀폰을 5년 만에 따라잡은

한국의 중소 기업이 있습니다.

　1. 30분 만에 느려진 핸드폰 빠르게 고치는 법
　2. 느려진 핸드폰 30분 만에 빠르게 고치는 법

　1. **빈둥빈둥 놀면서** 일에 파묻혀 사는 아내에게 밥 차리라는
한량 남편
　2. 일에 파묻혀 사는 아내에게 **빈둥빈둥 놀면서** 밥 차리라는
한량 남편

주변에서 흔히 접하는 문장들입니다. 모두 문장 1보다 문
장 2가 명쾌해서 머리에 쏙 박힙니다.

부사절이나 부사구도 동사 옆에 두어야 오해를 피할 수 있
습니다.

If Nordic union is such a good idea, why has it not
already happened? The author blames the failure of
previous attempts at unity since the collapse of the
Kalmar union in the 16th century on meddling foreign
powers.

　1. 노르딕연합이 그렇게 좋은 생각이라면 왜 진작에 성사되

지 않았을까. 저자는 외세의 간섭으로 16세기의 칼마르동맹이 붕괴한 이후 몇 차례 시도된 연합이 실패했다고 지적한다.

2. 노르딕연합이 그렇게 좋은 생각이라면 왜 진작에 성사되지 않았을까. 저자는 16세기의 칼마르동맹이 붕괴한 이후 몇 차례 시도된 연합이 외세의 간섭으로 실패했다고 지적한다.

'외세의 간섭으로 칼마르동맹이 붕괴'한 것이 아니라 '외세의 간섭으로 연합이 실패'한 것임을 분명히 나타내려면 '외세의 간섭으로'와 '연합이 실패했다'를 모아주어야 합니다. 모아주기는 영어에서도 중요합니다. 만약 영어 둘째 문장을 'The author blames the failure of previous attempts at unity on meddling foreign powers since the collapse of the Kalmar union in the 16th century'라고 써서 previous attempts 와 since the collapse of the Kalmar union in the 16th century를 떼어놓으면 '16세기 칼마르동맹의 붕괴로 시작된 외세의 간섭'으로 오해하게 됩니다.

After Chŏngjo's death his supporters continued to press for the abolition of slavery.

1. 정조가 승하한 뒤 정조를 따르던 이들은 노비제 폐지를 계속 압박했다.

2. 정조를 따르던 이들은 정조가 승하한 뒤 **노비제 폐지를 계속 압박했다.**

엄밀히 말해서 앞 문장은 '정조가 승하한 뒤 비로소 정조를 따르던 이들'로 오독될 여지를 남깁니다. '정조가 승하한 뒤'라는 시간의 부사절이 바로 뒤에 오는 동사 '따르던'과 이어질 수 있어서 그렇습니다. 오독을 막으려면 '정조가 승하한 뒤'를 동사 '계속 압박했다' 옆에 바짝 붙여야 합니다. 예를 하나만 더 들지요.

Both Danish and Swedish, and finally also French troops (in spite of being a Catholic power) intervened against the Habsburgs.

1. 덴마크, 스웨덴에 이어 **구교의 맹주였던 프랑스까지** 군대를 보내 합스부르크 가문에 맞섰다.

2. 덴마크, 스웨덴에 이어 **프랑스까지 구교의 맹주였음에도** 군대를 보내 합스부르크 가문에 맞섰다.

번역 1은 신교 국가였던 덴마크와 스웨덴을 졸지에 구교 국가로 만들었으므로 오역입니다.

글을 쓸 때는 장소와 이유를 나타내는 부사절이나 부사구의 위치 선정에도 유의해야 합니다.

1. 의사로 인도 고아에 가서 현지의 전통 약용 식물을 연구한 가르시아 드 오르타는 **포르투갈어로 쓴 인도 약용 식물 연구서에서 로마인이 백 년 동안 알아낸** 것보다 더 많은 것을 지금 포르투갈인은 하루 만에 알아낸다며 기염을 토했다.

2. 의사로 인도 고아에 가서 현지의 전통 약용 식물을 연구한 가르시아 드 오르타는 로마인이 백 년 동안 알아낸 것보다 더 많은 것을 지금 포르투갈인은 하루 만에 알아낸다며 **포르투갈어로 쓴 인도 약용 식물 연구서에서** 기염을 토했다.

'포르투갈어로 쓴 인도 약용 식물 연구서에서 로마인이 …… 알아낸' 것이 아니라 '포르투갈어로 쓴 인도 약용 식물 연구서에서 (저자가) 기염을 토한' 것입니다. 어디서 기염을 토했는지 독자가 분명히 알 수 있도록 부사와 동사를 가까이 두어야 합니다. 부사어는 다음에 오는 동사에 달라붙으려는 습성이 있으므로 달라붙지 못하도록 부사어와 동사를 끊어 놓아도 좋습니다.

1. 의사는 너무 취해서 팔꿈치가 부러진 게 아니라 어깨가 빠졌다고 착각했다.

2. 너무 취해서 의사는 팔꿈치가 부러진 게 아니라 어깨가 빠졌다고 착각했다.

3. 의사는 팔꿈치가 부러진 게 아니라 어깨가 빠졌다고 너무 취해서 착각했다.

'너무 취해서'가 동사 '부러진'에 잘못 달라붙는 것을 막으려고 주어 '의사는'을 둘 사이에 넣어서 부사어와 동사가 잘못된 만남을 갖지 못하도록 막았습니다. 물론 문장 3처럼 '너무 취해서'의 진짜 짝꿍 동사 옆에 붙여도 좋겠지요.

Whenever misfortune strikes, it is always the fault of the people (or the king) who did not obey God's law (and its priestly guarantors) with enough fervor.

1. 불행이 닥치면 그것은 언제나 사제들이 전하는 신의 율법을 열심히 따르지 않은 백성(이나 왕)의 잘못이었다.

2. 불행이 닥치면 언제나 그것은 사제들이 전하는 신의 율법을 열심히 따르지 않은 백성(이나 왕)의 잘못이었다.

번역 1처럼 부사 '언제나'가 동사 '전하는'을 가로채지 못하도록 번역 2처럼 주어 '그것은'을 둘 사이에 집어넣어 문장을 명료하게 만들었습니다.

The command of endogamy is so highly valued in
the Bible that it even trumps the prohibition of incest as
understood by most cultures.

1. 성서는 족내혼을 하도 중시한 나머지 대부분의 문화에서
금기시하는 근친상간마저 우습게 본다.

2. 족내혼을 하도 중시한 나머지 성서는 대부분의 문화에서
금기시하는 근친상간마저 우습게 본다.

'족내혼을 하도 중시한 나머지 (근친상간을) 금기시하는' 것
이 아니라 '족내혼을 하도 중시한 나머지 (근친상간을) 우습게
보는' 것입니다. 역시 부사어 '족내혼을 하도 중시한 나머지'
가 동사 '금기시하는'을 낚아채지 못하도록 주어 '성서는'이
둘 사이를 가로막고 나섰습니다.

부사어만 동사를 가로채는 것이 아닙니다. 주어도 동사를
잘 가로챕니다. 그래서 주어가 엉뚱한 동사와 어울리지 못하
도록 제짝 옆에 붙여주어야 합니다.

1. 시장이 예산을 횡령했다며 고발한 공무원이 경찰 수사에
서 무혐의 처분을 받았다.

2. 예산을 횡령했다며 시장이 고발한 공무원이 경찰 수사에
서 무혐의 처분을 받았다.

3. 예산을 횡령했다며 **공무원이 고발한** 시장이 경찰 수사에서 무혐의 처분을 받았다.

문장 1만으로는 예산을 횡령했다며 고발한 사람이 시장인지 공무원인지 알 수가 없습니다. 고발인이 시장이면 문장 2처럼 써야 하고 고발인이 공무원이면 문장 3처럼 써야 합니다.

1. **영국이** 아편 장사를 단속한다고 중국과 전쟁을 한 이후 존경심과 두려움을 가지고 대한 첫 동양인이 마오쩌둥이었을 것이다.

2. **아편 장사를 단속한다고 영국이** 중국과 전쟁을 한 이후 존경심과 두려움을 가지고 대한 첫 동양인이 마오쩌둥이었을 것이다.

3. **중국이 아편 장사를 단속한다고 영국이** 중국과 전쟁을 한 이후 존경심과 두려움을 가지고 대한 첫 동양인이 마오쩌둥이었을 것이다.

4. **중국이 아편 장사를 단속한다고** 중국과 전쟁을 한 이후 **영국이** 존경심과 두려움을 가지고 대한 첫 동양인이 마오쩌둥이었을 것이다.

5. **중국이 영국의 아편 장사를 단속한다고** 중국과 전쟁을 한

이후 영국이 존경심과 두려움을 가지고 대한 첫 동양인이 마오쩌둥이었을 것이다.

문장 1은 주어 '영국이' 다음에 '아편 장사를 단속한다'가 바로 와서 아편 단속의 주체가 중국인데도 역사에 밝지 않은 사람은 마치 영국이 아편 장사를 단속한 주역인 것처럼 오해할 수 있습니다. 하지만 문장 2도 '아편 장사를 단속하겠노라고 영국이'로 읽힐 여지가 있습니다. 따라서 문장 3처럼 '아편 장사를 단속한다'의 주어가 중국임을 밝혀야 뜻이 분명해집니다. 하지만 이 문장이 말하려는 것은 어떤 중국인을 '영국'이 '존경심과 두려움을 가지고 대했다'는 사실이므로 문장 4처럼 이 둘을 가깝게 붙여야 뜻이 분명해집니다. 물론 더 분명한 문장은 문장 5처럼 아편 장사의 주인공은 영국이고 단속의 주인공은 중국임을 역사의 문외한도 확실히 알 수 있게 밝혀놓은 문장이겠지요.

길고 복잡한 문장일수록 주어를 가짜 동사에서 떼어내어 진짜 동사에 바짝 붙여주어야 읽는 사람이 편합니다.

I therefore start by reviewing how the Enlightenment and original free market economists spent two centuries trying to prevent precisely the kind of rentier dominance that is stifling today's economics and rolling back democracies to create financial oligarchies.

1. 그래서 저는 **계몽주의 시대의 독창적 자유시장 경제학자들**이 지금도 경제의 숨통을 조이고 민주주의를 후퇴시켜 금융 패권을 만들어내고 있는 바로 그런 불로소득자의 지배를 막으려고 지난 2세기 동안 어떤 노력을 했는지 먼저 되짚어보겠습니다.

2. 그래서 저는 지금도 경제의 숨통을 조이고 민주주의를 후퇴시켜 금융 패권을 만들어내고 있는 바로 그런 불로소득자의 지배를 막으려고 **계몽주의 시대의 독창적 자유시장 경제학자들**이 지난 2세기 동안 어떤 노력을 했는지 먼저 되짚어보겠습니다.

'지금도 경제의 숨통을 조이고 민주주의를 후퇴'시키는 장본인은 불로소득자이지 '계몽주의 시대의 독창적 자유시장 경제학자들'이 아닙니다. 번역 1은 읽는 사람을 잠시 오도할 수 있습니다.

It is hard to resist the impression that Isaac, in imitation of his father, uses his wife to extract from these highly moral people a ransom as a debt of honor.

1. 이삭이 도덕성을 아주 중시하는 팔레스타인 사람들에게 마음의 빚을 안겨 몸값을 뜯어내려고 아버지 아브라함을 흉내내어 아내를 써먹었다는 느낌을 지우기 어렵다.

2. 이삭이 아버지 아브라함을 흉내내어 도덕성을 아주 중시하는 팔레스타인 사람들에게 마음의 빚을 안겨 몸값을 뜯어내려고 아내를 써먹었다는 느낌을 지우기 어렵다.

3. 도덕성을 아주 중시하는 팔레스타인 사람들에게 마음의 빚을 안겨 몸값을 뜯어내려고 이삭이 아버지 아브라함을 흉내내어 아내를 써먹었다는 느낌을 지우기 어렵다.

번역 1과 번역 2의 고딕체 글씨는 모두 순간적으로 이어질지 모르는 잘못된 만남입니다. 번역 3이 명료합니다.

Across the political spectrum, from state socialism under Bismarck to Marxist theories, bankers were expected to become the economy's central planners, by providing credit for the most profitable and presumably socially beneficial uses.

1. 정치 진영을 뛰어넘어 비스마르크가 주도한 국가사회주의 쪽에서도 마르크스주의 이론가들 쪽에서도 은행이 가장 이익이 되고 사회에도 유익하겠다 싶은 쪽으로 융자를 제공하면

서 경제의 핵심 설계자가 되어주리라는 기대를 품었습니다.

2. 은행이 가장 이익이 되고 사회에도 유익하겠다 싶은 쪽으로 융자를 제공하면서 경제의 핵심 설계자가 되어주리라는 기대를 비스마르크가 주도한 국가사회주의 쪽에서도 마르크스주의 이론가들 쪽에서도 정치 진영을 뛰어넘어 품었습니다.

3. 가장 이익이 되고 사회에도 유익하겠다 싶은 쪽으로 융자를 제공하면서 은행이 경제의 핵심 설계자가 되어주리라는 기대를 비스마르크가 주도한 국가사회주의 쪽에서도 마르크스주의 이론가들 쪽에서도 정치 진영을 뛰어넘어 품었습니다.

원문은 '정치 진영을 뛰어넘어 모두가 기대를 품었다'는 내용인데 번역 1은 '정치 진영을 뛰어넘어 비스마르크가 주도했다'로 잘못 흘렀습니다. '정치 진영을 뛰어넘어'가 '비스마르크'에게만 붙는 것을 막으려면 맨 뒤로 보내 '비스마르크가 주도한 국가사회주의 쪽에서도 마르크스주의 이론가들 쪽에서도 정치 진영을 뛰어넘어'로 처리해야 합니다. 또 원문은 '가장 이익도 남고 사회에도 유익한 쪽으로 은행이 융자를 제공한다'는 내용인데 번역 2는 주어 '은행이'와 술어 '가장 이익이 되고'가 붙어 있다보니 '은행에게 가장 이익이 되고 사회에도 유익한 쪽으로' 또 다른 주체가 융자를 제공할 듯한 문장이 되어버렸습니다. 번역 3처럼 주어 '은행이'를 동사 '제공하면서' 뒤로 빼야 '제공하면서'로 끝나는 술부 전체의 주어가 '은행이'임을 말끔히 보여줄 수 있습니다. 원문이 말하려고 하는 것은 고딕체 글씨로 나타냈지만 '은행이 경제의 핵심 설계자가 되어주리라는 기대를 정치 진영을 뛰어넘어 품었다'는 것입니다. '가장 이익이 되고 사회에도 유익하겠다 싶은 쪽으로 융자를 제공하면서'는 주어에 붙은 살이고 '비스마르크가 주도한 국가사회주의 쪽에서도 마르크스주의 이론가들 쪽에서도'는 술어에 붙은 살입니다. 둘이 섞이지 않도록 잘 나누어야 합니다.

잘못된 만남은 부사어와 동사, 주어와 동사 사이에만 생기는 것이 아닙니다. '과/와'가 '함께'가 아니라 동사의 목적어로 오인될 수도 있습니다.

1. 귀족 장교들은 농촌 마을에서 살면서 **병사들과 음식과 두려움**을 나누었고 어쩌다 다치거나 먹을 것 없이 길을 잃었을 때는 병사들의 생존술에 의지했다.

2. 귀족 장교들은 농촌 마을에서 살면서 음식과 두려움을 **병사들과 나누**었고 어쩌다 다치거나 먹을 것 없이 길을 잃었을 때는 병사들의 생존술에 의지했다.

문장 1에서는 '과'가 이어지는 바람에 병사, 음식, 두려움이 동급으로 읽혀 세 가지를 '나누었다'고 잘못 읽을 여지가 있습니다. 그런 오해를 피하려면 문장 2처럼 누구와 나누었냐 하면 '병사들과 나누었다'고 음식, 두려움과 병사는 동급이 아님을 분명히 나타내야 합니다.

Jealousy and Narcissistic Hubris
1. 질투와 자기도취의 오만
2. 자기도취의 오만과 질투
3. 질투와 오만한 자기도취

원문의 핵심은 '질투'와 '오만'입니다. '자기도취'는 '오만'을 꾸미는 수식어입니다. 그런데 번역 1에서는 '와'의 강한 접착성 탓에 '질투와 자기도취'의 오만처럼 되어버렸습니다. 번역 2는 순서를 바꾸어 '질투'와 '자기도취' 사이를 갈라놓았습니다. 하지만 '자기도취'가 '오만과 질투'를 한꺼번에 수식하는 것으로 받아들여질 가능성이 아주 없지는 않습니다. 번역 3은 '오만'이라는 명사를 '오만한'이라는 형용사로 바꾸고 '자기도취의'를 '자기도취'로 바꾸어 '질투'와 '자기도취'가 달라붙을 가능성을 원천봉쇄했습니다.

'-도록'도 접착력이 강한 어미이므로 엉뚱한 동사에 달라붙지 않도록 조심해야 합니다.

Herod's reign was a period of relative peace and prosperity. Roman authority and cultural influence in Judea were tolerated, as were Roman offerings to the Temple, aimed at making Yahweh favorable to the emperor.

1. 헤로데 시대는 비교적 평화와 번영의 시기였다. 유다에서 로마의 존재는 비교적 용인되었고 로마 황제가 야훼에게 **호의를 품도록 신전에 오르는** 로마의 제물도 용인되었다.

2. 헤로데 시대는 비교적 평화와 번영의 시기였다. 유다에서 로마의 존재는 비교적 용인되었고 신전에 오르는 로마의 제물도 로마 황제가 야훼에게 **호의를 품도록** 용인되었다.

번역 1처럼 '황제가 야훼에게 호의를 품도록 로마의 제물을 신전에 올린 것'이 아니라 '황제가 야훼에게 호의를 품도록 로마의 제물을 용인한 것'입니다.

한국어 '다른'도 other와 different의 뜻이 모두 있으므로 잘못 엮이지 않도록 조심해야 합니다.

The Judaic tradition knows nothing of the funerary myths so popular in other cultures, whose heroes explore the Other World.

1. 영웅이 저세상을 누비는 **장례 신화가 다른** 문화들에는 수두룩하지만 유대교 전통은 그런 장례 신화를 아예 모른다.

2. **다른** 문화들에는 영웅이 저세상을 누비는 **장례 신화가** 수두룩하지만 유대교 전통은 그런 장례 신화를 아예 모른다.

원문은 '다른 문화'의 '다른' 곧 other의 뜻으로 쓰였지만 번역 1에서는 주어 '신화가' 다음에 바로 '다른'이 오는 바람에 '다른 문화들에는'으로 읽히지 않고 '장례 신화가 다른'으로 잠시나마 잘못 읽힐 수 있습니다.

'로'도 주어 다음에 놓으면 'ㄴ데'로 오인될 수 있으므로 주어에서 멀찍이 떼어서 동사에 바짝 붙여야 합니다.

1. 그들은 **여행안내원으로** 중국인 차오 씨를 고용했다.

2. 그들은 중국인 차오 씨를 **여행안내원으로** 고용했다.

두 문장 중 어느 쪽이 명쾌할까요. 문장 2입니다. 문장 1은 '그들은 여행안내원인데 중국인 차오 씨를 고용했다'로 오독할 여지가 만에 하나라도 있지만 문장 2는 그런 오독 가능성이 전무하거든요. 오독의 여지가 없어야 명료한 문장이고 명료한 문장이라야 안정된 문장입니다. 비교의 정도를 나타내는 '보다'도 다음에 형용사로 이어야 할지 부사로 이어야 할지 잘 따져야 합니다.

The corruption is less formidable under active monarchy than under any other form of government, for the whole point of absolute monarchy is that the monarch is too wealthy to be bullied.

1. 이런 병폐는 **어떤 정부 형태에서보다** 건강한 군주제에서 덜 위력을 발휘합니다. 절대 군주제가 내세우는 취지가 바로 군주는 워낙 부유해서 압력에 굴하지 않는다는 점이니까요.

2. 이런 병폐는 건강한 군주제에서 **어떤 정부 형태에서보다** 덜 위력을 발휘합니다. 절대 군주제가 내세우는 취지가 바로 군주는 워낙 부유해서 압력에 굴하지 않는다는 점이니까요.

'보다' 다음에는 좋다, 나쁘다 같은 형용사가 자연스럽게 뒤따르는데 바로 그런 형용사 '건강한'이 바로 오니까 번역 1처럼 '보다 건강한'으로 잘못 읽힐 수 있습니다.

진짜 짝꿍끼리는 당연히 붙여야 합니다.

1. 19세기의 **농업에 대한** 향수는 목가 전통과 자연스럽게 결합했다.

2. **농업에 대한** 19세기의 향수는 목가 전통과 자연스럽게 결

합했다.

글쓴이는 문장 1처럼 '19세기 방식의 농업'을 그리워하는
마음이 있었다고 쓰려던 것일까요. 아니겠지요. 문장 2처럼
'농업을 그리워하는 마음이 19세기에 있었다'고 쓰려던 것일
테지요.

구문 차원의 오독을 이끄는 것은 아니지만 내용이 선명히
전달되는 데 방해가 되는 배치도 있습니다.

Yun Haengim was a man of many accomplishments
who served in various posts for three generations of
monarchs from Yŏngjo's reign, through the Crown Prince's
brief regency, to the beginning of Chŏngjo's reign.

1. 윤행임은 **많은 업적을 남긴 인물로** 영조 재위부터 세자의
짧은 대리청정을 거쳐 정조 재위 초까지 삼대에 걸쳐 주군을
모시면서 **다양한 관직을 역임하였다.**

2. 윤행임은 영조 재위부터 세자의 짧은 대리청정을 거쳐
정조 재위 초까지 삼대에 걸쳐 주군을 모시면서 **다양한 관직에
서 많은 업적을 남긴 인물이었다.**

시간의 흐름상 '많은 업적을 남겼고 다양한 관직을 역임했

다'보다는 '다양한 관직을 역임했고 많은 업적을 남겼다'가 자연스럽습니다. 어떤 자리에 임용되는 것이 먼저이지 업적을 남기는 것이 먼저는 아니니까요. 그래서 번역 1보다는 번역 2처럼 '다양한 관직'과 '많은 업적'을 모아주면 좋습니다.

작가가 그려내려는 모습을 전달하는 데 꼭 필요한 말들만 모아주어야 좋을 때도 있습니다. 플래너리 오코너라는 미국 작가의 단편 〈상승하는 것은 수렴한다Everything That Rises Must Converge〉는 남부의 대농장주 집안에서 금지옥엽으로 자랐지만 몰락해서 아들 하나만 보고 사는 홀어머니와 아직 자리를 잡지 못한 작가 지망생 아들의 이야기입니다. 어머니는 사랑받으며 넉넉하게 살았던 어린 시절을 못 잊어 외출할 때마다 한껏 꾸미는 데 시간을 들이고 아들은 흑백분리제가 폐지되어 흑인들이 탄 버스에 혼자 타는 것을 꺼리는 엄마의 부탁으로 매주 살빼기 교실에 같이 가주어야 하는데 엄마의 지루한 몸단장을 지켜볼 때마다 속이 터집니다.

She was almost ready to go, standing before the hall mirror, putting on her hat, while he, his hands behind him, appeared pinned to the door frame, waiting like Saint Sebastian for the arrows to begin piercing him.

1. 엄마가 복도 거울 앞에 서서 모자를 쓰고 외출 준비를 끝내 가는 동안 줄리언은 몸에 화살이 꽂히기를 기다리는 순교자처럼 손을 뒤로 한 채 문틀에 못박혀 있었다.

2. 엄마가 복도 거울 앞에 서서 모자를 쓰고 외출 준비를 끝내 가는 동안 줄리언은 몸에 화살이 꽂히기를 기다리는 순교자처럼 손이 뒤로 묶인 채 문틀에 못박혀 있었다.

3. 엄마가 복도 거울 앞에 서서 모자를 쓰고 외출 준비를 끝내 가는 동안 줄리언은 손이 뒤로 묶인 채 몸에 화살이 꽂히기를 기다리는 순교자처럼 문틀에 못박혀 있었다.

엄마의 외출 준비가 끝나기를 기다리는 시간이 마치 죽음을 기다리는 순교자처럼 고통스러운 아들의 심정을 그린 대목입니다. 원문에는 성 세바스티안으로 나오지만 번역문에서는 순교자로 처리했습니다. 성 세바스티안은 나무에 묶인 채 화살 세례를 받았다는 순교자입니다. 줄리언은 뒷짐을 지고 엄마를 기다리고 있었겠지요. 작가는 뒷짐을 진 아들의 모습이 손이 뒤로 묶였다던 성 세바스티안의 모습과 비슷하다고 생각했을 테지요. 하지만 성 세바스티안이라는 순교자가 손이 뒤로 묶인 채 화살 세례를 맞았다는 사연을 알 리 없는 한국 독자는 문장 1의 '손을 뒤로 한 채'라는 표현이 걸림돌이 될 수 있습니다. '손을 뒤로 한 채'는 물리적으로는 아들의 모습을 정확히 나타낸 표현이지만 '뒷짐을 진 채'인지 '손이 뒤로 묶인 채'인지 독자에게는 아리송합니다. 그래서 번역 1의 '손을 뒤로 한 채'는 '순교자처럼 문틀에 못박혀 있었다'와 하나로 녹아들지 못하고 겉돕니다. 번역 2는 뒷짐을 진 것이 아니라 순교자처럼 손이 뒤로 묶인 것이었다고 분명히 선택했습니다. 하지만 '줄리언은 …… 순교자처럼 손이 뒤로 묶인 채 …… 있었다'는 구조가 되어버려 줄리언이 정말로 손이 뒤로 묶여 있었던 듯한 느낌을 줍니다. 그런 오해를 피하려면 번역 3처럼 '손이 뒤로 묶인 채'를 옮길 필요가 있습니다. 그럼 '줄리언은 손이 뒤로 묶인 채 몸에 화살이 꽂히기를 기다리는 순교자처럼 …… 있었다'는 구조가 됩니다. 번역 2에서는 손이 뒤로 묶인 사람이 줄리언이었지만 번역 3에서는 손이 뒤로 묶인 사람이 순교자입니다.

이 장에서는 가까이 있어야 할 말들을 가까이 모으고 떼어놓아야 할 말들을 떼어놓아서 모호함을 없애는 길을 알아보았습니다. 하지만 급소를 정확히 찔러서 모호함을 없애는 길도 있습니다. 마지막 예문에서 본 대로 '손을 뒤로 한 채'라는 모호한 표현을 '손이 뒤로 묶인 채'로 분명히 찔러주었습니다. 다음 장의 주제는 '찌르기'입니다.

3장

찌르기

1. 시온은 유대인의 성전과 성채가 있던 예루살렘의 낮은 산을 부르던 이름이었는데 나중에는 뜻이 넓어져서 신이 유대인에게 약속한 이스라엘 땅으로 구약 예언서 문헌에는 나온다.

2. 시온은 유대인의 성전과 성채가 있던 예루살렘의 낮은 산을 부르던 이름이었는데 나중에는 뜻이 넓어져서 신이 유대인에게 약속한 이스라엘 땅으로 구약 예언서 문헌에 나온다.

3. 시온은 유대인의 성전과 성채가 있던 예루살렘의 낮은 산을 부르던 이름이었는데 나중에 뜻이 넓어져서 신이 유대인에게 약속한 이스라엘 땅으로 구약 예언서 문헌에 나온다.

세 문장은 어떻게 다를까요. 그렇습니다. 고딕체 글씨가

다르죠. 고딕체 글씨는 문법에서 주제조사라고 부르는 '은/
는'입니다. 첫째 문장은 주제조사가 셋이고 둘째 문장은 둘,
셋째 문장은 하나입니다.

주제조사는 말 그대로 문장 안에서 주제가 이것이다 하고
주제를 찌르는 역할을 합니다. 그래서 주제조사가 나오면 우
리는 저절로 귀를 쫑긋 세우고 눈을 크게 뜹니다. 그런데 문
장 안에 쉼표가 너무 많으면 흐름이 끊기듯 문장 안에서 주
제조사가 여기저기에서 찔러대면 오히려 초점이 흐려질 수
있습니다. 첫째 문장은 '나중에는 뜻이 넓어져서', '구약 예
언서 문헌에는 나온다'처럼 세부에서 명료해 보여도 시온이
라는 주제를 통으로 이해하는 데는 도리어 걸림돌이 됩니다.
그래서 저는 주제조사를 아껴 쓴 셋째 문장이 제일 마음에
듭니다. 쉼표를 아껴 쓰는 마음으로 주제조사도 아껴 쓰려고
노력합니다.

1. 약속의 땅을 때로는 머나먼 섬으로, 높은 산으로, 지하
세계나 해저 세계로 그리는 까닭은 보기 드물게 돌아온 소수
의 영웅을 빼고는 약속의 땅은 죽은 다음에만 갈 수 있는 곳임
을 알리고 싶어서다.

2. 약속의 땅을 때로 머나먼 섬으로 높은 산으로 지하 세계
나 해저 세계로 그리는 까닭은 보기 드물게 돌아온 소수의 영

웅을 빼고 약속의 땅이 죽은 다음에만 갈 수 있는 곳임을 알리고 싶어서다.

주제조사가 곳곳에 박힌 문장 1보다 주제조사를 아껴 쓴 문장 2가 훨씬 핵심을 찌릅니다.

주제조사가 부각시키려는 것은 결국 주제어입니다. 문맥상 주제어와의 관계를 분명히 알 수 있을 때는 진짜 주제어만 남기고 나머지는 빼도 좋습니다.

Her doctor had told Julian's mother that she must lose twenty pounds on account of her blood pressure, so on Wednesday nights Julian had to take her downtown on the bus for a reducing class.

1. **의사는** 줄리언 엄마에게 혈압 때문에 십 킬로그램을 빼야 한다고 했고 **줄리언은** 수요일 밤마다 버스를 타고 시내까지 살빼기 교실에 엄마를 데려다주어야 했다.

2. 의사가 **줄리언** 엄마에게 혈압 때문에 십 킬로그램을 빼야 한다고 해서 **줄리언은** 수요일 밤마다 버스를 타고 시내까지 살빼기 교실에 엄마를 데려다주어야 했다.

3. 의사가 엄마에게 혈압 때문에 십 킬로를 빼야 한다고 해서 **줄리언은** 수요일 밤마다 버스를 타고 시내까지 살빼기 교

실에 엄마를 데려다주어야 했다.

위 문장의 주인공은 줄리언 엄마가 아니라 줄리언입니다. 줄리언에게 관심을 집중시키려면 둘째 문장에서 줄리언 엄마를 그냥 엄마로 하는 게 좋습니다. 문맥상 엄마가 의사의 엄마가 아니라 줄리언의 엄마임은 자명하니까요.

Having risen in the morning on the first day of the week, he appeared first to Mary of Magdala from whom he had cast out seven devils.

1. 부활하신 주의 첫날 아침 예수께서는 막달라 여자 마리아에게 먼저 나타나셨는데 그 여자는 예수께서 일찍이 일곱 마귀를 쫓아주셨던 여자였다.

2. 부활하신 주의 첫날 아침 예수께서는 막달라 여자 마리아에게 먼저 나타나셨는데 예수께서 일찍이 일곱 마귀를 쫓아주셨던 여자였다.

역시 위 문장의 주인공은 예수라야 하고 당연히 주제조사도 번역 2처럼 예수 다음에만 붙이면 글이 깨끗해집니다.

Born in South Korea in 1977, **Mary and her sister** were

adopted by an American family and raised in a Minnesota town populated by the descendants of German and Scandinavian immigrants.

1. 1977년 한국에서 태어난 **메리와 언니**는 미국 가정에 입양되어 독일계와 북유럽계 이민자의 후손이 많이 사는 미네소타의 소도시에서 자랐다.

2. 1977년 한국에서 태어난 **메리**는 언니와 미국 가정에 입양되어 독일계와 북유럽계 이민자의 후손이 많이 사는 미네소타의 소도시에서 자랐다.

주제조사는 문장의 진짜 주인공 다음에 붙여야 합니다. 원문에서는 언니도 엄연히 주어지만 주제어는 어디까지나 메리이므로 메리 다음에 주제조사를 붙여야겠지요.

주제조사는 둘을 비교할 때도 잘 씁니다. 둘을 비교하니 주제조사도 둘이라야 합니다.

1. 헬레니즘 시대에도 이슈타르는 여전히 이집트 여신 이시스와 동일시되었지만 이시스는 그리스 신화의 데메테르, 아르테미스, 아프로디테의 특징을 얻어 풍부해졌고 여기에 다시 로마인은 디아나, 베누스를 덧붙였다.

2. 헬레니즘 시대에도 이슈타르는 여전히 이집트 여신 이시

스와 동일시되었지만 이시스는 그리스 신화의 데메테르, 아르테미스, 아프로디테의 특징을 얻어 풍부해졌고 여기에 다시 로마인이 디아나, 베누스를 덧붙였다.

이시스는 이집트 여신이고 아세라, 이슈타르는 메소포타미아 지역에서 섬기던 여신이었습니다. 농경을 다스리는 지모신으로 세 여신이 하나로 통했지만 이시스만큼은 나중에 그리스 신화, 로마 신화에 나오는 여신의 모습도 얻게 되었다는 내용입니다. 분명한 대비 요소가 있으므로 앞의 '이슈타르는'과 '이시스는'은 괜찮지만 뒤의 '로마인은'은 생뚱맞습니다. 로마인은 이 문장의 주인공이 아닙니다. 조연급에 어울리는 조사 '이/가'로 슬쩍 문장 안에 끼워주는 정도에 그쳐야 합니다.

문장이 길어지면 주제조사를 곳곳에 끼워넣어 말하려는 바를 강조하고 싶은 유혹에 빠질 수 있습니다. 조심해야 합니다. 문장이 길 때 주제조사를 곳곳에 박아넣으면 글이 명료해질 것 같지만 그렇지 않습니다. 긴 문장에서 주제조사를 남발하면 글이 초점을 잃어 오히려 혼탁해집니다.

벨라스케스는 에스파냐의 궁정화가였습니다. 에스파냐 국왕 펠리페 4세의 총애를 받았습니다. 다음은 두 사람의 상반된 처지를 그려낸 글입니다.

The one a courtier rising to ever higher positions of Byzantine complexity at a court where the king could neither eat in the presence of his wife nor attend the baptism of his childeren, the other a king who wrote clandestine letters to an Aragonese nun describing his uncontrollable sexual desires, his adultery, his promiscuity and subsequent punishment by God, the defeat at the hands of the French at Rocroi and the Portuguese rebellion.

1. 한 사람은 왕은 아내 앞에서는 식사도 못하고 자식들의 세례식도 못 볼 만큼 왕에게는 까다로운 격식을 요구한 궁정에서 출세가도를 달린 시종이었고 또 한 사람은 아라곤의 수녀에게 난잡한 사생활을 털어놓았고 그런 방종 탓에 천벌을 받아 로크루아 전투에서는 프랑스에게 졌고 포르투갈에서는 반란이 일어났다고 믿었던 국왕이었다.

2. 한 사람은 왕이 아내 앞에서 식사도 못하고 자식들의 세례식도 못 볼 만큼 왕에게 까다로운 격식을 요구한 궁정에서 출세가도를 달린 시종이었고 또 한 사람은 아라곤의 수녀에게 난잡한 사생활을 털어놓았고 그런 방종 탓에 천벌을 받아 로크루아 전투에서 프랑스에게 졌고 포르투갈에서 반란이 일어났다고 믿었던 국왕이었다.

글의 뼈대는 '한 사람은 시종이었고 한 사람은 국왕이었다' 입니다. 나머지는 어떤 시종이었고 어떤 국왕이었는지를 설명하느라 덧붙인 살입니다. '은/는'을 남발하면 문장에서 비교의 중심축 노릇을 하는 '은/는'이 빛을 잃습니다. 주제조사를 마구 쓴 번역 1보다 주제조사를 아껴 쓴 번역 2가 더 명료하게 읽히는 것은 그래서입니다.

한 문장에서 두 개 이상의 주제조사를 특히 가까운 거리에 두지 않으면 좋겠습니다.

1. 토지 재산을 복구할 때 지켜야 할 첫째 원칙은 농지는 택지와 다르게 취급해야 한다는 것이다.

2. 토지 재산을 복구할 때 지켜야 할 첫째 원칙은 농지를 택지와 다르게 취급해야 한다는 것이다.

3. 토지 재산을 복구할 때 지켜야 할 첫째 원칙이 농지는 택지와 다르게 취급해야 한다는 것이다.

4. 토지 재산을 복구할 때 지켜야 할 첫째 원칙이 농지를 택지와 다르게 취급해야 한다는 것이다.

문장 1 말고 나머지 문장은 다 괜찮습니다. 문장 2는 '원칙'을 강조했고 문장 3은 '농지'를 강조했으며 문장 4는 아무것도 강조하지 않았습니다. 모든 문장에 주제조사가 박혀 있으면 읽는 사람은 오히려 숨이 막힙니다. 문장 4처럼 주제조사로 자신을 굳이 드러내지 않으려는 문장도 글 중간중간에 섞여 있어야 읽는 사람이 편합니다.

*

가까운 거리에 두지 말아야 할 것은 주제조사만이 아닙니다. 주격조사와 목적격조사도 가깝게 두지 말아야 합니다. 한국어를 배우는 외국인은 조사를 어려워합니다. 그런데 어떤 외국인은 또 꼬박꼬박 조사를 넣으려고 애씁니다. 가령 이렇게 말이지요.

저는 텔레비전을 보기를 배드민턴을 치기보다 좋아해요.

문법적으로 나무랄 데 없는 문장이지만 이렇게 말하는 한국인은 드물겠죠.

저는 텔레비전 보기를 배드민턴 치기보다 좋아해요.

절대 다수의 한국인은 조연급 목적격조사 (텔레비전)'을'과 (배드민턴)'을'을 버리고 주연급 목적격조사 (보기)'를'만 남길 겁니다. 목적격조사를 없애기 어렵다 하더라도 가깝게 두는 것은 피하는 것이 좋습니다.

Yahweh held his people solely responsible for his defeat by Assur: they have failed him by their religious pluralism, likened to a betrayal of their holy alliance.

1. 야훼는 아수르에게 패한 책임을 온전히 자민족의 탓으로 돌렸다. 이스라엘이 야훼와 맺었던 **언약을 여러 신**을 섬겨 저버린 탓으로 돌렸다.

2. 야훼는 아수르에게 패한 책임을 온전히 자민족의 탓으로 돌렸다. 야훼와 맺었던 **언약을 이스라엘이 여러 신**을 섬겨 저버린 탓으로 돌렸다.

주격조사도 마찬가지입니다. 가까운 거리에서 주격조사가 반복되는 것을 피하는 것이 좋습니다.

1. 일차대전이 터지기 전에 벌어진 발칸전쟁이 국지전에 머문 것은 독일이 영국이 던진 미끼를 물지 않아서였다.

2. 일차대전이 터지기 전에 벌어진 발칸전쟁이 국지전에 머문 것은 영국이 던진 미끼를 독일이 물지 않아서였다.

3. 줄리언이 화살이 몸에 꽂히기를 기다리는 순교자처럼 문

턱에 서 있는 동안에도 엄마의 몸단장은 끝날 줄 몰랐다.

4. 몸에 화살이 꽂히기를 기다리는 순교자처럼 줄리언이 문턱에 서 있는 동안에도 엄마의 몸단장은 끝날 줄 몰랐다.

문장 2와 문장 4가 문장 1과 문장 3보다 읽기 편합니다.

동양 고전 번역을 읽을 때도 조사의 위치에 좀더 신경을 썼으면 좋겠다는 생각이 들 때가 있습니다.

夫禮禁亂之所由生
猶坊止水之所自來也

1. 무릇 예가 어지러움이 생기는 것을 막는 것은
   둑이 물이 넘쳐나는 것을 막는 것과 같다

2. 무릇 어지러움이 생기는 것을 예가 막는 것은
   물이 넘쳐나는 것을 둑이 막는 것과 같다

한 문장 안에서 주제조사가 여럿이면 글의 초점이 흐려지듯이 명사를 꾸미는 용언의 어미가 겹쳐도 글의 집중도가 떨어집니다.

1. 배고픈 사람들의 아우성과 사람들의 성난 소리를 들은 다른 신들의 압박을 받은 제우스는 마침내 페르세포네를 되돌

려주라고 하데스에게 명하였다.

　2. 배고픈 사람들의 아우성과 사람들의 성난 소리를 들은 다른 신들의 압박을 받고 제우스는 마침내 페르세포네를 되돌려주라고 하데스에게 명하였다.

'배고픈 사람들의 아우성과 사람들의 성난 소리를 들은'이 없었다고 해도 '다른 신들의 압박을 받은 제우스는'보다 '다른 신들의 압박을 받고 제우스는'이 읽기 편합니다. '받은'의 '은'이 제우스를 수식하면서 먼저 찌른 뒤 곧이어 '제우스는'의 '는'이 한 번 더 찌르는 바람에 그런 일이 생깁니다. '받은'의 '은' 탓에 '제우스는'의 주제조사 '는'은 그만 김이 새버립니다. 그런데 '배고픈 사람들의 아우성과 성난 소리를 들은'이 있으면 '들은'의 '은'이 하나 더 생겨버리니 더 김이 새겠지요. 따라서 '압박을 받은'이 아니라 '압박을 받고'로 처리해서 김빼기로 이어질 수 있는 사이비 찌르기 공세를 차단해야 합니다. 그런데 앞부분을 다르게 처리할 수는 없을까요. 가능합니다. 이렇게 말이지요.

　3. 배고픈 사람들의 아우성과 사람들의 성난 소리를 듣고 다른 신들이 압박하자 제우스는 마침내 페르세포네를 되돌려주라고 하데스에게 명하였다.

형용사절 '배고픈 사람들의 아우성과 사람들의 성난 소리를 들은'을 부사절 '배고픈 사람들의 아우성과 사람들의 성난 소리를 듣고'로 바꾸고 역시 형용사절 '다른 신들의 압박을 받은'을 부사절 '다른 신들이 압박하자'로 바꾼 것이지요. 문장이 길 때는 이렇게 형용사절을 부사절로 바꿔주어야 문장이 안정되게 읽힙니다.

비슷하면서 조금 다른 예를 하나만 더 들어보죠.

Osiris was the voice that spoke to every heart, the undisputed sovereign of the dead whom everyone had to encounter when the hour had struck.

1. 오시리스는 모두의 가슴에 말하는 목소리였고 때가 오면 누구나 마주서야 하고 아무도 범접 못하는 저승의 임금이었다.

2. 오시리스는 모두의 가슴에 말하는 목소리였으며 때가 오면 누구나 마주서야 하고 아무도 범접 못하는 저승의 임금이었다.

3. 오시리스는 모두의 가슴에 말하는 목소리였으며 때가 오면 누구나 마주서야 하고 아무도 범접 못할 저승의 임금이었다.

번역 1에서 앞부분이 '목소리였고'인데 다음에 오는 '마주
서야 하고'도 '고'로 끝납니다. 그러자 내용상 뒤에 걸려야
할 '마주서야 하고'가 어정쩡한 느낌을 주어서 변화를 주느
라 번역 2에서는 '목소리였고'를 '목소리였으며'로 바꿨습니
다. '-고'와 '-며'는 똑같이 나열의 뜻이 있는 어미이지만 한
문장 안에 있을 때 '-고'는 작은 단위를 이어주고 '-며'는
큰 단위를 이어줍니다. 그런데 번역 2에서 '범접 못하는'이 좀
삐거덕거립니다. 이것을 '범접 못할'로 바꾸니 문장이 안정을
찾습니다. 왜 그럴까요. '때가 오면'이 미래이니 현재의 수식
어미가 들어간 '못하는'보다는 미래의 수식어미가 들어간 '못
할'과 아귀가 더 잘 맞아서이겠지요. 사소하지만 이렇게 적재
적소에서 잘 찔러주어야 글을 읽는 사람이 편안합니다.

This book, it must be said, is the fruit of friendship.
1. 이 책은 우정의 결실이라는 점을 고백해야겠다.
2. 이 책은 우정의 결실임을 고백해야겠다.

번역 1의 초점은 '결실'이 아니라 '점'에 가 있습니다. 동사
와 형용사 같은 용언을 명사꼴로 만들어주는 어미 '-ㅁ'을
활용해서 '몰랐다는 것'을 '몰랐음'으로, '늦었다는 사실을'을
'늦었음'으로 압축하면 글의 초점이 한결 명료해집니다.

*

정관사 the도 기계적으로 '그'로 옮기면 불필요한 찌르기
가 되어 초점을 흐릴 수 있습니다. 다음은 왕 앞에서 감사 인
사를 하기로 된 모범생이 긴장하는 모습입니다.

The scholarship boy's mouth felt dry.
1. 그 장학생은 입이 바짝 말랐다.
2. 장학생은 입이 바짝 말랐다.

주제조사 '은'이 이미 독자의 관심을 끄는데 번역 1처럼 정
관사 '그'까지 덧붙이는 것은 과잉이며 '은'의 응집력을 허물
어뜨립니다. 비슷한 예를 하나만 더 들지요.

The document contains so many implausibilities,
contradictions and anachronisms.
1. 그 문서는 기이하고 모순되고 시대착오적인 사실이 워낙
많이 담겨 있다.
2. 기이하고 모순되고 시대착오적인 사실이 워낙 많이 담긴
문서다.

존대말도 너무 남발하면 빛이 바랩니다. 존대말도 아껴 써야 뜻이 명료해집니다.

1. 아버지는 거의 포기하시고 인생이 끝이 다가온다고 느끼시며 우울해하시기도 한다.
2. 아버지는 거의 포기하고 인생의 끝이 다가온다고 느끼며 우울해하기도 하신다.

한국어 문장에서는 시제든 존대말이든 동작의 기본 특성을 문장 끝의 본동사로 나타냅니다. 그래야 문장에서 안정감이 느껴집니다. 문장 1처럼 모든 동사에 존대어미 '-시'를 집어넣는 것은 과잉입니다. 과유불급이란 말도 있지만 모름지기 좋은 말은 아껴 써야 제맛입니다.

동격을 나타내는 '인'의 사이비 찌르기도 막아야 좋습니다. 소유조사, 주제조사가 함께 있을 때는 더 그래야 합니다.

1. 러시아의 수도인 모스크바는
2. 러시아 수도 모스크바는

1에서는 크고 작은 찌르기가 세 번 나오지만 2에서는 한 번입니다. 찌르는 표현을 만나면 관심이 저절로 그리로 쏠립니다. '의' 다음에 무슨 내용이 올지 궁금해지고 '인' 다음에 무슨 말이 이어질지 궁금해지거든요. 그런데 별 내용이 없으면 읽는 사람은 맥이 빠집니다. 글이 늘어지는 것은 둘째 치고라도 말이지요. 글 읽는 사람의 자원은 무한하지 않습니다. 글 읽는 사람의 소중한 자원을 아껴주는 글이 좋은 글입니다.

1. 논란을 빚는 현대 미술을 전시하는 화랑의 주인이며 러시아에서 여러 번의 반종교 전시회를 연 전시기획자인 마라 귀엘망

2. 논란을 빚는 현대 미술을 전시하는 화랑의 주인이며 러시아에서 반종교 전시회를 여러 번 연 전시기획자 마라 귀엘망

그렇지 않아도 '마라 귀엘망'이라는 고유명사가 짊어지는 짐이 많은데 자꾸 찔러대서 부담을 덧붙일 필요가 있을까요. '의'나 '인' 같은 사이비 찌르기만 없애주어도 글읽기가 한결 편해집니다.

1. 인도의 고대 경전인 베다에 나오는 신적 존재는 무수히 많은 모습을 띤다.

2. 인도 고대 경전 베다에서 신적 존재는 무수히 많은 모습으로 나온다.

주어 '신적 존재'가 돋보일 수 있도록 문장 2처럼 종속절의 동사 '나오는'을 주절의 동사 '나온다'로 바꿔주면 읽는 사람은 그만큼 힘을 덜 써도 되고 여기서 아낀 자원을 좀더 어려운 대목을 따라가는 데 쏟아부을 수 있습니다.

1. 여기서 말해두고 싶은 것이 오시리스는 어디까지나 거룩한 심판관들의 판결을 주재할 뿐 망자가 어디로 갈지 **스스로 판정하지 않는다는** 점이다.
2. 오시리스는 어디까지나 거룩한 심판관들의 판결을 주재할 뿐 망자가 어디로 갈지 스스로 판정하지 않음을 여기서 말해두고 싶다.

문장 1의 기본 구조는 'A는 B이다'입니다. 그런데 A도 B도 '오시리스는 이집트신이다'에서 '오시리스'와 '이집트신'처럼 명사가 아니라 '여기서 말해두고 싶은 것'과 '스스로 판정하지 않는다는 점'처럼 명사절입니다. 구와 달리 절에는 동사가 있고 명사절 안의 동사는 명사를 꾸미는 어미로 끝납니다. '싶은'과 '않는다는'처럼요. '은'과 '는'은 아시다시피 읽는 사람을 찔러댑니다. 긴 문장이 'A는 B이다' 구조를 가지면 이런 사이비 찌르기가 곳곳에 박혀 있을 수밖에 없습니다. 해법이 무엇일까요. 문장 2에서는 종속절 A의 '싶은 것'을 주절의 '싶다'로 바꿔주고 종속절 B의 '않는다는 점'을 '않음'으로 바꿔주었습니다. 동사의 사이비 찌르기를 줄이려면 이렇게 종속절에서 명사를 수식하는 동사를 주절의 본동사나 동명사로 바꿔줄 필요가 있습니다.

The common justification was that Kija, the legendary founder of Kija Chosŏn who migrated from China at the end of the second millennium B.C., had introduced slavery, and so as an institution it was immutable.

1. 기원전 2천 년 말 중국에서 와서 기자조선을 세웠다고 전설이 전하는 기자가 들여왔으므로 못 바꾼다는 것이 노비제의 흔한 정당화였다.

2. 기원전 2천 년 말 중국에서 와서 기자조선을 세웠다고 전설이 전하는 기자가 들여왔으므로 못 바꾼다고 노비제를 흔히 정당화했다.

번역 1의 기존 구조는 'A는 B이다'입니다. 평면적이고 정태적입니다. '노비제의 흔한 정당화였다'를 번역 2처럼 '노비제를 흔히 정당화했다'로 고치니 문장이 입체적이고 역동적으로 바뀌었습니다. 비슷한 예를 하나 더 들겠습니다.

    1. 종교 제의와 신화를 만든 것은 죽음에 맞서려던 인간의 몸부림이었다.
    2. 종교 제의와 신화는 죽음에 맞서려던 인간의 몸부림이 만들었다.

문장 1보다 문장 2가 더 역동적이지요.

A literature that gains a status of national heritage is **almost always** the product of an intellectual elite patronized by a political power.
    1. 민족 유산의 지위에 오른 문헌은 거의 언제나 정치 권력의 비호를 받는 소수 엘리트의 산물이다.
    2. 민족 유산의 지위에 오른 문헌은 거의 언제나 정치 권력의 비호 아래 소수 엘리트가 만들어낸다.

번역 1은 '거의 언제나'가 '받는'과 잘못 이어질 수 있지만 번역 2는 '받는'을 '아래'로 바꾸고 명사 '산물'을 '만들어낸다'로 바꾸어 잘못된 연결을 막고 표현의 역동성까지 살렸습니다.

같은 명사라도 추상명사보다는 보통명사가 역동성을 더 살립니다.

The influence exerted by Christianity upon the arts extends to painting and sculpture.

1. 기독교가 예술에 끼친 **영향은** 그림과 조각에까지 **미친다.**

2. **기독교는** 그림과 조각 같은 예술에까지 **영향을 미친다.**

'영향'은 추상어이고 '기독교'는 구체어입니다. 추상어보다 구체어가 더 잘 와닿습니다. '기독교의 영향은 ……에 미친다'보다 '기독교는 ……에 영향을 미친다'가 더 정곡을 찌릅니다. '영향을 미치다'는 한 덩어리의 관념인데 '영향은 …… 에 미치다'로 하면 하나의 관념이 둘로 쪼개집니다.

지금까지는 구문의 차원에서 핵심을 부각시키는 요령을 알아보았습니다. 알맹이를 드러내는 찌르기는 내용의 차원에서도 필요합니다. 모름지기 글은 급소를 찔러야 합니다. 원문에서는 명확히 드러나지 않았더라도 강조해야 할 점을 부각시켜야 독자가 후련해집니다. 다음은 영국의 의료비를 다른 나라들과 비교하여 비용 대비 효과를 분석한 글의 일부입니다. 비교 대상 국가들 중 일인당 의료비 지출이 압도적으로 높아 비용 대비 효과가 가장 낮은 나라는 미국이었고 일인당 의료비 지출이 가장 낮은 나라는 뉴질랜드였습니다. 영국은 의료비 지출이 뉴질랜드보다 조금 높았지만 무상 의료를 제공하는 영국과 달리 뉴질랜드는 비용이 부담스러워 병원에 안 가는 사람이 꽤 있다는 내용의 글입니다.

Only New Zealand, where one in seven people said they skipped hospital visits because of cost, spent less per capita than the NHS.

1. 7명 중 1명이 비용 탓에 병원을 찾지 않는다고 응답한 뉴질랜드만 영국 국민보건공공망보다 일인당 의료비 지출이 적었다.

2. 뉴질랜드만 영국 국민보건공공망보다 일인당 의료비 지출이 적었지만 뉴질랜드 국민 7명 중 1명은 비용 탓에 병원을 찾지 않는다고 응답했다.

번역 1은 초점이 없습니다. 원문이 강조하려는 것은 뉴질랜드의 의료비 지출이 영국보다 낮다는 사실이 아니라 뉴질랜드에서는 의료비 부담 때문에 병원에 가지 못하는 사람이 7명 중 1명이나 된다는 사실이 아닐까요. 그렇다면 번역문도 번역 2처럼 그 점을 부각시켜야겠지요. 번역자가 글의 맥을 제대로 찔러주어야 독자가 편해집니다. 비슷한 예를 하나만 더 들겠습니다.

They developed a highly effective strategy to survive and thrive by infiltrating spheres of power.

1. 그들은 권력이 있는 곳으로 파고들어 그들이 생존하고 융성하는 데 아주 효과가 좋았던 전략을 발전시켰다.

2. 그들은 권력이 있는 곳으로 파고드는 전략을 발전시켰는데 이 전략은 그들이 생존하고 융성하는 데 아주 효과가 좋았다.

시간 순서로 보면 권력이 있는 곳으로 파고든 것이 먼저이고 생존하고 융성하게 된 것이 나중입니다. 파고든 것이 원인이고 생존하고 융성하게 된 것이 결과입니다. 그런데 번역 1에서는 결과가 먼저 오고 원인이 나중에 와서 어색합니다.

I went after him for the money and I was caught up in events I still haven't quite recovered from.

1. 돈을 받으려고 그 자를 쫓아다니다 난 아직도 거기서 완전히 헤어나지 못한 복잡한 일에 말려들었다.

2. 돈을 받으려고 그 자를 쫓아다니다 복잡한 일에 말려들

었고 난 아직도 거기서 완전히 헤어나지 못했다.

'복잡한 일에 말려들었다'가 먼저이고 '아직도 거기서 완전히 헤어나지 못했다'가 다음입니다. 그런데 번역 1에서는 순서가 바뀌었습니다. 독자는 정주행을 하다가 갑자기 역주행을 해야 할 판입니다. 번역 2처럼 시간 순서에 맞게 옮겨주어야 독자의 안정된 정주행이 가능합니다.

A significant number moved to Venice, which was already home to a large and prosperous Jewish colony, and became the banking capital of Europe.

1. 상당수의 유대인은 베네치아에 정착했는데 베네치아는 유럽의 금융 수도가 되어 이미 무시 못할 유대인 공동체가 풍요를 구가하고 있었다.

2. 상당수의 유대인이 정착한 곳은 유럽의 금융 수도가 되어 이미 무시 못할 유대인 공동체가 풍요를 구가하던 베네치아였다.

원문의 초점은 베네치아입니다. '많은 유대인이 이주한 곳은 …… 베네치아였다'가 문장의 뼈대입니다. 원문에서 which 이하는 베네치아가 어떤 곳이었는지를 덧붙여 설명할

뿐입니다. 그런데 번역 1에서는 베네치아가 어떤 곳이었는지
로 무게 중심이 옮겨졌습니다.

If you look at a cheque today **you will** see that it is
nothing but the old letter put into the simplest terms.

1. 지금의 수표를 보면 수표는 가장 단순한 용어로 적힌 옛
날 편지임을 **알 거야.**

2. 지금의 수표를 보면 알겠지만 수표는 가장 단순한 용어
로 적힌 **옛날 편지야.**

문장의 핵심은 '알 거야'가 아니라 '옛날 편지야'입니다. 'A는
B임을 알다'보다는 '알다시피 A는 B다'가 문장의 핵심을 훨
씬 선명히 나타냅니다.

The air was loud with unvoiced sentiment.

1. 분위기는 말없이 격앙되어 있었다.

2. 말은 없었지만 분위기는 격앙되어 있었다.

3. 말은 없었지만 격앙된 분위기였다.

구문상으로는 선명한 대비가 안 드러나지만 내용상으로는
대비가 뚜렷하므로 번역 2와 번역 3처럼 '-지만'을 덧붙였습

니다. 번역 2보다 번역 3이 더 힘차 보이는 것은 '옛날 편지임을 알 거야'보다 '알겠지만 옛날 편지야'가 힘차 보이는 것과 같은 이유에서입니다.

1. 어떤 은행들은 워낙 힘이 막강해진 나머지 왕을 압박해서 원하는 전쟁을 벌일 수 있게 되었다.
2. 워낙 힘이 막강해진 나머지 왕을 압박해서 원하는 전쟁을 벌일 수 있게 된 은행들도 있었다.

문장 1은 늘어지는 느낌이 들지만 문장 2는 읽는 사람의 관심을 주어 '은행들'로 응축시킵니다.

'A는 B이다' 형식의 문장에서 A는 짧고 B가 너무 길면 글이 늘어집니다. 특히 B가 '현상' '방식' 같은 상투어로 끝날 때 그런 느낌을 더 줍니다. 차라리 'A가 B이다' 형식으로 바꾸어 A를 길게 하고 B를 짧게 하면 글의 밀도가 높아집니다. 이렇게 말이지요.

1. 몰입은, 쉽지는 않지만 그렇다고 아주 버겁지도 않은 과제를 극복하는 데 한 사람이 자신의 실력을 온통 쏟아부을 때 나타나는 현상이다.
2. 쉽지 않지만 그렇다고 아주 버겁지도 않은 과제를 극복

하는 데 한 사람이 힘을 온통 기울일 때 나타나는 현상이 몰입이다.

문장 1은 '몰입은'처럼 주제조사로 시작하지만 술부가 너무 길어지고 '현상'이라는 상투어로 끝나서 독자의 집중력을 떨어뜨립니다. 문장 2는 '쉽지는'을 '쉽지'로 바꾸어 사이비 찌르기를 피하면서 (바로 뒤에 '않지만'이 있어 분명히 대비의 뜻을 나타내므로 '-는'은 불필요합니다) 긴장을 높이다가 '몰입'으로 깔끔하게 마무리합니다.

이번에는 구약 〈시편〉 88편의 번역문을 살펴보겠습니다.

I am set apart with the dead, like the slain who lie in the grave, whom you remember no more, who are cut off from your care.

1. 살해되어 무덤에 묻힌 자와 같이 당신 기억에서 영영 사라진 자와 같이 당신 손길이 끊어진 자와도 같이 이 몸은 죽은 자들 가운데 던져졌사옵니다.(공동번역)

2. 죽은 자 중에 던져진 바 되었으며 죽임을 당하여 무덤에 누운 자 같으니이다. 주께서 그들을 다시 기억하지 아니하시니 그들은 주의 손에서 끊어진 자니이다.(개역개정)

3. 사망자 중에 던지운 바 되었으며 살륙을 당하여 무덤에 누운 자 같으니이다. 주께서 저희를 다시 기억지 아니하시니 저희는 주의 손에서 끊어진 자니이다.(개역한글)

4. 이 몸은 또한 죽은 자들 가운데 버림을 받아서, 무덤에 누워 있는 살해된 자와 같습니다. 나는 주님의 기억에서 사라진 자와 같으며, 주님의 손에서 끊어진 자와도 같습니다.(새번역)

5. 내가 죽은 자처럼 버려져 주의 기억에서 완전히 사라지고 주의 보호의 손길에서 끊어진 채 무덤에 누워 있는 살해당한 사람처럼 되었습니다.(현대인의 성경)

영어 원문은 1978년에 나온 《새국제판성경》에서 가져왔고 번역 1부터 번역 5까지는 해당 구절의 다양한 한국어 번역입니다.[9] 물론 한국어 번역들이 《새국제판성경》을 전범으로 삼은 것은 아닐 터이고 이런저런 영어 번역본들을 참조했을 터인데 다양한 영어 번역본들의 번역은 구문 구조가 제대로 엇비슷합니다.

〈시편〉 88편은 죽음을 코앞에 둔 사람이 삶의 나락으로 떨어졌음에도 주님의 손길이 닿지 않는 현실을 원망하는 마음이 드러나 있습니다. 대비 구조입니다. 그런데 한국어 번역문들에서는 그런 대비 구조가 선명히 드러나지 않습니다. 초점이 약합니다. 초점을 이렇게 살려보면 어떨까요.

6. 칼에 찔려 무덤에 버려진 주검처럼 이 몸은 죽은 이들 속에 내쳐졌으나 당신의 기억은 죽은 이들을 더는 안 거두고 당신의 손길은 죽은 이들에게 안 가닿습니다.

고대 그리스에는 망자의 묘비에 짧은 글을 새겨넣는 전통이 있었습니다. 진위를 가릴 길은 없지만 플라톤이 썼다는 비문이 있습니다.

1. Αστερας εισαθρεις, Αρτηρ εμος

ειθε γενοιμην ουρανος, ως πλλοις ομμασιν εις σε βλεπω.

2. You are gazing at stars, my Star;

would I were Heaven that I might look at you with many eyes.

3. 너는 별들을 바라보는구나 나의 별이여

내가 하늘이 되었으면 좋겠다 많은 눈으로 너를 쳐다볼 수 있게.

1은 그리스어 원문이고 2는 이것을 충실하게 옮긴 영문입니다. 3은 2를 한국어로 직역했고요. 플라톤의 비문에는 두 가지 대비가 암시되어 있습니다. 하나는 '네게는 바라볼 별들이 있지만 내게는 너라는 별이 있다'는 암시이고 또 하나는 '무덤에 누운 너는 별들을 올려다보고 하늘의 별들이 된 나는 너를 내려다본다'는 암시입니다. 비문은 간결해야 좋겠지만 그래도 원문에 깃든 암시를 살려내야 하지 않을까요. 가령 이렇게 말이지요.

4. 너는 눈부신 별 **올려보지만** 내게는 네가 눈부신 별
하늘 가득 별이 되어 맘껏 너를 **내려다보았으면**

막힌 경혈을 침으로 뚫듯이 초점을 드러내고 찔러내는 번역이 좋은 번역입니다.

다음은 노비제를 없애려고 했던 정조 임금의 국정 운영을 다룬 글의 한 대목입니다. 노비제가 하루아침에 없어지면 혼란이 빚어지리라고 신하들이 우려하자 정조는 새로운 법으로 얼마든지 혼란을 이겨낼 수 있다며 우려를 잠재웠습니다.

He believed the situation could be controlled by instituting new rules and regulations **and** that potential turmoil was not sufficient reason to perpetuate the misery of the slaves.

1. 그는 새로운 법으로 혼란을 다스릴 수 있으며 혼란이 일어날 수 있다고 해서 노비의 비참한 삶을 영속시킬 수는 없다고 보았다.

2. 그는 새로운 법으로 혼란을 다스릴 수 있으므로 혼란이 일어날 수 있다고 해서 노비의 비참한 삶을 영속시킬 수는 없다고 보았다.

영어 and는 한국어 '-며'나 '-고'보다 뜻둘레가 넓습니다. 때에 따라서는 인과를 나타내기도 합니다. 따라서 인과 관계가 자연스러운 맥락에서는 '-므로'나 '-기에'로 옮겨주어야 글의 응집력이 생깁니다.

중요한 곳을 찌르는 것도 중요하지만 사소한 곳을 안 찔러야 글의 가독성이 올라갑니다. 다음은 한 소년이 넓은 세상을 구경하고 싶어서 무작정 집을 떠나는 장면입니다.

He passed fields with horses and cows grazing in them. He passed farms. He passed cottages and houses. He passed shops and inns.

1. 말과 소가 떼지어 풀을 뜯는 들판을 지났다. 농장도 지났다. 오두막과 집도 지났다. 가게와 여관도 지났다.

2. 말과 소가 떼지어 풀을 뜯는 들판을 지났다. 농장도 지났다. **오두막과 저택**도 지났다. 가게와 여관도 지났다.

3. 말과 소가 떼지어 풀을 뜯는 들판을 지났다. 농장도 지났다. 작은 **집과 큰 집**도 지났다. 가게와 여관도 지났다.

오두막은 아담한 시골집을 말합니다. 오두막도 엄연히 집이죠. 그런데 '오두막과 집'이라고 하면 오두막은 집이 아닌 듯한 느낌을 줍니다. 집은 오두막의 상위 범주이지만 오두막과 함께 쓰일 때는 보통 집 그러니까 오두막보다는 큰 집이라는 뜻을 풍긴다고 보아야 합니다. 따라서 '오두막과 저택'이라고 하든가 아니면 '작은 집과 큰 집'이라고 옮겨서 사소한 대목에서 독자가 멈칫하지 않도록 배려해야 합니다.

독자가 글에 집중할 수 있는 자원은 유한하다고 말씀드렸습니다. 자원은 아껴야 미덕입니다. 독자가 자원을 아낄 수 있으려면 중요한 대목에만 집중할 수 있도록 글을 써야 합니다. 그러자면 중요하지 않은 대목에 불필요하게 독자의 관심이 쏠리지 않도록 신경써야 합니다. 중요한 곳을 찌르는 것도 중요하지만 안 중요한 곳을 안 찌르는 것도 중요하다는 뜻입니다. 안 중요한 곳을 번역자가 부각하여 찔러대면 독자의 한정된 자원이 그리로 쏠려 정작 중요한 대목에 집중할 자원이 모자라게 되니까요. 때로는 은근슬쩍 흘려보내기

도 필요합니다. 다음 장의 주제는 사소한 대목을 자연스럽게
'흘려보내기'입니다.

4장

흘려보내기

Over the past six decades, at least 200,000 Korean children – roughly the population of **Des Moines** – have been adopted into families in more than 15 countries, with a vast majority living in the United States.

1. 지난 60년 동안 최소 20만 명의 한국 아이가 15개국이 넘는 나라의 가정으로 입양되었는데 태반은 미국에서 산다. 20만 명은 미국의 디모인 인구와 엇비슷한 숫자다.

2. 지난 60년 동안 최소 20만 명의 한국 아이가 15개국이 넘는 나라의 가정으로 입양되었는데 태반은 미국에서 산다. 20만 명은 미국의 **웬만한 지방** 도시 인구와 엇비슷한 숫자다.

영문은 미국 독자를 위해 쓴 글입니다. 20만 명이라고 하면 얼른 피부에 와닿지 않을 수 있으니까 디모인 인구 전체와 맞먹는다고 구체적으로 찔러준 것이죠. 미국인은 디모인이 어느 정도 크기의 도시인지 대체로 알 터이니 이 대목에서 고개를 끄덕일 겁니다. 그런데 한국 독자는 디모인이 어디에 있고 어느 정도 크기의 도시인지 대부분 모릅니다. 원문에서 Des Moines은 문장의 주인공이 아닙니다. 그런데 Des Moines을 디모인으로 그대로 살려두면 번역문에서 디모인은 문장의 주인공이 되어버립니다. 독자의 관심이 디모인이라는 낯선 단어로 쏠리니까요.

미국에서 1년 동안 코로나 감염병으로 죽은 사람이 20만 명이 넘고 이것은 충주시 인구와 맞먹는다는 기사를 한국 언론사가 보도했다면 충주시라는 비교 대상은 20만이라는 숫자를 한국 독자가 실감하는 데 도움이 됩니다. 하지만 그것은 대부분의 한국인이 충주가 어느 정도 큰 도시인지를 얼추 알아서 그렇습니다. 이 기사를 미국 언론에서 보도하면서 원문의 충주시를 영어 번역문에서도 그대로 살려주면 미국 독자는 충주시라는 단어 앞에서 멈칫할 겁니다. 한국 독자가 디모인이라는 단어 앞에서 주춤하는 것처럼요. 비교 대상 자체가 낯설고 생소하다면 글에서 제시하는 비교 대상은 글의 흐름을 오히려 끊어놓습니다. 원문에 담긴 내용은 최대한 살려야 한다는 강박관념에서 번역자가 사소한 대목까지 있는 그대로 옮겨놓으면 독자가 고통스러워집니다.

다음은 아이폰을 발명한 스티브 잡스가 2005년 스탠퍼드 대학 졸업식에서 한 연설의 일부입니다. 잡스는 양부모님께 비싼 대학 등록금을 부담시키는 것이 미안해서 입학한 뒤 얼마 안 되어 사립대를 자퇴한 뒤 마음 끌리는 대로 서예 강좌를 들은 것이 나중에 매킨토시 컴퓨터의 깔끔한 글꼴을 만드는 데 도움이 되었다면서 젊은 시절에 배우고 싶은 것을 많이 배워두면 나중에 그런 배움들이 반드시 이어지리라는 낙천적 믿음으로 살아가는 것이 중요하다고 졸업 축사에서 말했습니다.

Reed College at that time offered perhaps the best calligraphy instruction in the country. Throughout the campus every poster, every label on every drawer, was beautifully hand calligraphed. Because I had dropped out and didn't have to take the normal classes, I decided to take a calligraphy class to learn how to do this. I learned about **serif** and **sans serif** typefaces, about varying the amount of space between different letter combinations, about what makes great typography great.

1. 당시 리드대학은 미국에서 최고가 아니었나 싶은 서예

강좌를 열었습니다. 교정 어디를 가도 벽보란 벽보마다 서랍이란 서랍의 표찰이란 표찰마다 아름다운 서체가 있었습니다. 저는 자퇴를 한지라 일반 수업은 안 들어도 됐으므로 이걸 어떻게 하는지 배우려고 서예 수업을 듣기로 마음먹었습니다. 저는 **세리프체**와 **산세리프체**에 대해서 이런저런 글자 조합 사이의 여백량 증감에 대해서 위대한 글씨체를 위대하게 만드는 것에 대해서 배웠습니다.

2. 당시 리드대학은 미국에서 최고가 아니었나 싶은 서예 강좌를 열었습니다. 교정 어디를 가도 벽보란 벽보마다 서랍이란 서랍의 표찰이란 표찰마다 아름다운 서체가 있었습니다. 저는 자퇴를 한지라 일반 수업은 안 들어도 됐으므로 이걸 어떻게 하는지 배우려고 서예 수업을 듣기로 마음먹었습니다. 저는 **삐침체**와 **안삐침체**에 대해서 이런저런 글자 조합 사이의 여백량 증감에 대해서 위대한 글씨체를 위대하게 만드는 것에 대해서 배웠습니다.

세리프체는 획 끝이 삐쳐나오는 글자체이고 산세리프체는 고딕체처럼 삐침이 없는 글자체입니다. 디자인 전문가라면 익숙한 용어겠지만 보통 사람의 귀에는 낯설게 들릴 말입니다. 세리프체와 산세리프체를 그대로 두면 읽는 사람이 불필요한 관심을 기울일 수 있습니다. 그래서 삐침체, 안삐침체라고 귀에 척 감기는 말로 바꿔주었습니다. 스티브 잡스의 연설에서 주인공은 글꼴이 아니므로 튀지 않는 옷을 입히는 것이 중요합니다.

딱딱한 인문서는 아무래도 명사가 많이 들어갑니다. 이때 조연급 명사가 주연급으로 부각되지 않도록 신경을 써야 합니다.

The books of Tobit, Judith, and Esther belong to the same **romance** genre as that of Daniel. The heroes are smart Jews who, having reached the rank of courtier, use their influence to benefit their community.

1. 구약에서는 역사서로 묶이지만 토비트, 유디트, 에스더도 모두 다니엘처럼 **로맨스** 장르에 들어간다. 주인공은 모두 이민족 왕에게 발탁되어 총애를 받는 유대인인데 자민족을 위하는 데 진력한다.

2. 구약에서는 역사서로 묶이지만 토비트, 유디트, 에스더도 모두 다니엘처럼 **무용담** 장르에 들어간다. 주인공은 모두 이민족 왕에게 발탁되어 총애를 받는 유대인인데 자민족을 위하는 데 진력한다.

중세 유럽에서 기사가 주인공으로 나오는 사랑과 모험 이야기를 로맨스라고 부릅니다. 하지만 로맨스는 현대 한국어에서는 남녀의 사랑을 뜻하기도 합니다. 구약의 맥락에서 쓰기에는 너무 튀어 주목을 끕니다. 그래서 무용담으로 바꾸어 슬쩍 덮어주었습니다.

Such an implicit devaluation of **Eros**, elsewhere celebrated as potentially magical, **initiatory**, or mystical, puts a damper on one of the most beautiful promises of the human experience.

1. 어디에서나 경이와 신비와 **입문**의 가능성으로 받아들여지는 **에로스**를 이렇게 평가절하하는 것은 사람이 맛볼 수 있는 가장 아름다운 경험을 납뚜껑으로 덮는 짓이다.

2. 어디에서나 경이와 신비와 **개안**의 가능성으로 받아들여지는 **남녀의 사랑**을 이렇게 평가절하하는 것은 사람이 맛볼 수 있는 가장 아름다운 경험을 납뚜껑으로 덮는 짓이다.

에로스는 웬만한 국어사전에도 나오는 말인데 굳이 남녀의 사랑으로 바꿀 필요가 있겠냐는 반론도 있겠지요. 하지만 에로스 하면 왠지 이목이 그리로 쏠릴 것 같아서 피했습니다. 또 영문에서 magical, initiatory, mystical은 형용사인데 《능률롱맨영한사전》에서는 각각 '마법의', '입회의, 입문의',

'신비스러운'으로 풀이했습니다.

번역문에서 형용사를 명사로 바꾼 데는 두 가지 이유가 있습니다. 하나는 '-적'이라는 접미사를 피하고 싶었습니다. '신비적'보다는 '신비스러운'이나 '신비로운'을 저는 더 좋아합니다. 그런데 '마법스러운'이라고는 말하지 않으니 균형이 안 맞습니다. 또 initiatory는 한국어 형용사로 살려내기가 쉽지 않습니다. 그런데 형용사를 명사화한다 해도 여기서 그대로 쓸 수 있는 말은 '신비'뿐입니다. 사랑을 통해 남녀가 체험하는 경험에 초점을 두고 싶다면 마법, 입문은 적절한 번역어가 아닙니다. 마법은 사람에게 어떤 감정을 불러일으킬까요. '경이'가 아닐까요. 그리고 어떤 입회 의식이나 입문 절차가 사람에게 기대하는 것은 무엇일까요. 새롭게 눈뜬다는 것, 곧 '개안'이 아닐까요. 그럼 '경이와 개안과 신비'쯤으로 하면 될까요. 약간 삐걱거립니다. 경이와 신비는 익숙한 말이고 같이 붙어 있어도 편한 말인데 개안이 좀 튑니다. 튀는 말이 중간에 있어선 곤란합니다. 그래서 '경이와 신비와 개안'으로 순서를 바꿔주니 좀 읽기가 편해졌습니다. initiatory의 사전 풀이에 얽매여서 번역자가 '입문'을 박아넣었다면 독자는 그 단어에 찔려 무슨 비장한 뜻이 있나 싶어 고민하느라 소중한 독서 자원을 많이 빼앗겼을 겁니다.

추상적 단어일수록 정착된 말을 써주어야 독자가 편합니다. 특히 형용사가 명사를 꾸미는 표현을 그대로 생경하게 옮기면 독자의 정주행에 급제동이 걸립니다. 고대의 여러 종교에서 뱀을 지혜의 상징으로 좋게 보았지만 유대교에서는 인간의 지혜가 야훼의 절대적 우위를 위협할 수 있기에 뱀을 부정 일변도로 그렸다는 다음 대목도 보실까요.

The serpent, associated throughout the Near East with the chthonian divinities but also with revealed or intuitive knowledge, is likewise the object of an inversion.

1. 뱀은 근동 여기저기에서 지하 명부의 신성과 통하고 계시되는 앎이나 직관적인 앎과도 통하지만 유대교에서는 역시 찬밥 신세를 못 면한다.

2. 뱀은 근동 여기저기에서 지하 명부의 신성과 통하고 계시나 직관과도 통하지만 유대교에서는 역시 찬밥 신세를 못 면한다.

'계시되는 앎'이라고 하건 '계시되는 지식'이라고 하건 '드러나는 앎'이라고 하건 '드러나는 지식'이라고 하건 단역이 주역으로 튀어 보이는 부작용은 마찬가지입니다. '계시'와 '직관'은 행위를 말하기도 하지만 내용을 말하기도 합니다. '계시되는 앎'이나 '계시되는 지식'이라고 하면 여기에 무슨 특별한 뜻이 있는 건가 하고 독자는 머뭇거리게 됩니다. 독자를 불필요하게 찔러대서는 곤란합니다. '계시되는 앎'이 '계시'가 아니고 뭐겠습니까. '직관적 지식'이 '직관'이 아니고 뭐겠습니까. 갑자기 좋은 생각이 떠올랐다는 뜻으로 '직관을 얻었다'고 말하지 않습니까. 원문의 품사에 너무 얽매이다보면 안 그래도 딱딱한 글이 더 딱딱해져서 독자는 더 읽기를 포기할지도 모릅니다.

거꾸로 원문의 명사를 동사가 들어간 명사구로 옮기면 좋을 때도 있습니다.

The living are at least aware that they are going to die, but the dead know nothing whatever since their memory is forgotten ...... There is neither achievement, nor reflexion, nor science, nor wisdom in Sheol where you are going.

1. 산 사람은 제가 죽는다는 것이라도 알지만 죽은 사람은 기억을 잊었기에 아무것도 모른다 ...... **성취도 반성도 과학도 지혜도** 너희가 갈 명부에는 없다.

2. 산 사람은 제가 죽는다는 것이라도 알지만 죽은 사람은 기억을 잊었기에 아무것도 모른다 …… 이뤄낼 일도 돌아볼 일도 따져볼 일도 헤아릴 일도 너희가 갈 명부에는 없다.

번역 1이 이상하다는 것은 아닙니다. '성취' '반성' '과학' '지혜' 모두 머리에 쏙 와닿는 말이니 그대로 살려도 무방합니다. 다만 추상도가 높은 관념어일 때는 이렇게 동사를 이용해서 쉽게 풀어주는 길도 있음을 알리고 싶어서 번역 2를 소개했습니다.

성취, 반성, 과학, 지혜는 내용으로 꽉 차 있어 제 모습 그대로 당당히 번역문 안에 들어갈 권리를 요구할 수 있는 말들이지만 내용 없이 불필요한 관심을 끄는 말들도 있습니다. '존재' '실체' '요소' '부분' 같은 일종의 허사들입니다.

Thus divinity in Judaism is contained in the exaltation of the **entity represented** by the race.

1. 그러므로 유대교에서 말하는 신성은 종족이 **나타내는** 존재의 찬양에 있다.

2. 그러므로 유대교에서 말하는 신성은 종족**이라는** 것을 찬양하는 데에 있다.

3. 그러므로 유대교에서 말하는 신성은 **이른바** 종족을 찬양

하는 데에 있다.

4. 그러므로 유대교에서 말하는 신성은 **이른바** 종족 찬양이
다.

5. 그러므로 유대교에서 말하는 신성은 **이른바** 종족의 찬양
이다.

entity는 '기업'이나 '조직'을 뜻하기도 하지만 철학에서는
'존재'나 '실재' '실체'를 뜻합니다. 어려운 말입니다. 철학서
가 아닌데 이런 말을 쓴다는 것은 약간의 허세가 있다는 뜻
입니다. 유대교는 신을 숭배하는 것처럼 보이지만 실은 종
족을 숭배한다는 것이 원문의 내용입니다. 그런데 번역 1에
서는 '존재'가 부각되고 '종족'은 가려졌습니다. '나타내는'
도 강한 느낌이 들어서 번역 2에서 '-라는'으로 바꾸었고 '존
재'도 '것'으로 바꾸었습니다. 번역 3에서는 '-라는 것'을 '이
른바'로 고쳤습니다. '이른바'는 '이르던 바'와 통하고 결국
'-라는 것'과 같은 뜻이니까요. 그런데 번역 3의 문장 구조
'A는 B에 있다'는 좀 늘어지는 느낌을 줍니다. 그래서 번역 4
처럼 'A는 B다' 구조로 바꾸었습니다. 그런데 '이른바 종족
찬양'이라고 하면 '이른바'가 '종족 찬양' 모두에 걸립니다.
하지만 원문을 보면 '이른바'가 가리키는 것은 '종족'뿐이지
'종족 찬양'이 아닙니다. 그래서 번역 5처럼 '종족 찬양' 사이

에 '의'를 집어넣어 '이른바'가 '찬양'에 이어지는 길목을 막았습니다.

To conclude, the number one enemy of Christ was Judaism, in its sacerdotal-financial, Pharisaical-Puritanical, and anti-Roman zealot **components.**

1. 한마디로 그리스도의 가장 큰 적은 유대교 안의 성직-재물 요소, 바리새-근본주의 요소, 반로마 열심당 요소였다.

2. 한마디로 그리스도의 가장 큰 적은 재물을 좇는 성직자, 근본주의를 섬기는 바리새파, 반로마주의에 빠진 열심당원이 있는 유대교였다.

3. 한마디로 그리스도의 가장 큰 적은 재물을 좇는 성직자, 근본주의를 섬기는 바리새파, 반로마주의에 빠진 열심당원의 유대교였다.

역시 글의 주인공이어서는 안 되는 '요소'가 주인공처럼 구는 글이 번역 1입니다. 번역 2의 문제는 뭘까요. 그렇습니다. '좇는 성직자 …… 섬기는 바리새파 …… 빠진 열심당원'까지는 잘 따라왔는데 그 다음에 다시 '이 있는 유대교'로 이어지면서 초점이 흐트러집니다. 초점을 명확히 드러내기 위해서 번역 3처럼 '이 있는'을 '의'로 바꿔주었습니다. '존재' '실체' '요소' '부분' '차원' '측면'처럼 내용 없이 허세를 추구하는 명사는 번역문에서 지우는 것이 독자의 정신 건강에 좋습니다.

The **term** 'progress' had suffered heavily in prestige, along with 'civilization', as a result of the two World Wars and the Great Depression.

1. '문명'도 그렇지만 '진보'라는 **용어**도 두 번의 세계대전과 대공황으로 위신이 크게 실추되었다.

2. '문명'도 그렇지만 '진보'라는 말도 두 번의 세계대전과 대공황으로 위신이 크게 실추되었다.

번역 1은 '용어'라는 용어 탓에 '진보'라는 말의 빛이 바랬습니다. 짧은 문장 안에 '문명' '진보' '세계대전' '대공황' '실추'처럼 딱딱한 말이 즐비합니다. '용어'만이라도 '말'로 바꿔주어야 읽는 사람이 숨을 돌릴 수 있지 않을까요.

*

예전에 "침대는 가구가 아니라 과학"이라는 광고 문구로 화제를 모은 가구회사가 있었습니다만 침대는 과학일지 몰라도 번역은 과학이 아닙니다. 과학적 엄밀성을 추구하다보면 독자를 자꾸 찔러대 소중한 자원을 독자가 자꾸 잃게 됩니다.

Her doctor told her that she must lose **twenty pounds.**

1. 의사는 살을 **구** 킬로그램 빼야 한다고 했다.

2. 의사는 살을 **십** 킬로그램 빼야 한다고 했다.

3. 의사는 살을 **한 십** 킬로그램 빼야 한다고 했다.

4. 의사는 살을 **한 십** 킬로 빼야 한다고 했다.

미국과 영국에서는 아직도 무게 단위로 파운드를 주로 씁니다. 1파운드는 약 453그램입니다. 20파운드는 9킬로그램이 조금 넘습니다. 번역 1은 과학적으로 정확할지 몰라도 부자연스럽습니다. 번역 2는 문학적으로 정확합니다. 번역 3은 대강을 뜻하는 '한'이라는 조건을 달았으므로 과학적으로도 문학적으로도 정확합니다. 번역 4는 킬로그램을 킬로로 바꿔주었으므로 과학적이고 문학적이면서도 일상에 가까운 입말을 담았다는 점에서 현실적입니다.

중요하지 않은 고유명사는 드러내지 않고 그 고유명사의 몇 가지 특징으로 일반화해서 처리해주어야 독자가 편합니다. 다음은 경찰이 언론사에서 돈을 받고 정보를 흘려주는 관행을 꼬집는 대목입니다. 영국의 유명한 토크쇼 진행자 러셀 하티가 언론에 시달리다가 고향으로 잠적했는데 경찰에게만 알려준 전화번호로 기자들이 전화를 해댔다는 내용입니다. 경찰과 언론의 유착을 개탄하는 글이지요.

Years ago when Russell Harty had been exposed in the tabloids he was being rung in Yorkshire every five minutes.

1. 여러 해 전 러셀 하티는 고향 요크셔로 잠적했다가 지라시에 그런 사실이 알려지면서 오 분에 한 통씩 기자들에게 전화를 받았다.

2. 여러 해 전 텔레비전 진행자 러셀 하티는 고향 요크셔로 잠적했다가 지라시에 그런 사실이 알려지면서 오 분에 한 통씩 기자들에게 전화를 받았다.

3. 여러 해 전 유명한 토크쇼 진행자는 고향 요크셔로 잠적했다가 지라시에 그런 사실이 알려지면서 오 분에 한 통씩 기자들에게 전화를 받았다.

번역 1은 문장의 주인공이 아닌데도 러셀 하티라는 사람의 이름을 드러내 독자를 불필요하게 찌릅니다. 번역 2는 러셀 하티가 어떤 사람인지를 설명했으니 조금 낫습니다. 하지만 러셀 하티는 역시 번역 3처럼 유명한 토크쇼 진행자 뒤로 숨기는 쪽이 좋습니다. 아까운 독자의 자원이 중요하지도 않은 사람의 이름을 헤아리는 데까지 쓰여서는 곤란하니까요.

인문서를 번역하다보면 인용되는 책의 저자 이름을 본문에서 밝힐 때가 있습니다. 저자가 책에서 비중 있게 자주 거론된다면 물론 이름을 살려야겠지요. 하지만 단 한 번 나올 뿐이고 각주에 저자의 이름이 어차피 밝혀져 있을 때는 본문에서 빼도 괜찮다고 생각합니다. 낯선 인명에 독자가 쓸데없이 찔리지 않도록 말이지요.

At the time the Gospels were written, Carla Antonaccio writes, Greece was "saturated with heroes". And it was not just Greece: the divinized dead exist in all traditional cultures, and certainly throughout the Mediterranean.[10]

1. 카를라 안토나치오에 따르면 복음서가 씌어졌을 무렵 그리스는 "영웅으로 넘쳐났다." 그리스만 그랬던 것이 아니었다. 신성화된 망자는 전통 사회 어디에나 있었고 지중해 여기저기에 분명히 존재했다.

2. 복음서가 씌어졌을 무렵 그리스는 "영웅으로 넘쳐났다." 그리스만 그랬던 것이 아니었다. 신성화된 망자는 전통 사회 어디에나 있었고 지중해 여기저기에 분명히 존재했다.

3. 복음서가 씌어졌을 무렵 그리스는 "영웅으로 넘쳐났다"고 한다. 그리스만 그랬던 것이 아니었다. 신성화된 망자는 전통 사회 어디에나 있었고 지중해 여기저기에 분명히 존재했다.

카를라 안토나치오라는 저자가 비중 있게 다루어진다면 모를까 한번 스쳐지나갈 때는 어차피 주석에 이름이 나오므로 본문에서는 드러내지 않아도 괜찮다고 생각해서 번역 2에서는 '카를라 안토나치오에 따르면'을 뺐습니다. 조금 미안한 느낌이 든다면 번역 3처럼 "복음서가 씌어졌을 무렵 그리스는 '영웅으로 넘쳐났다'고 한다"로 바꿔서 누군가가 한 말임을 더 분명히 알릴 수도 있겠지요.

The cold colouring of Manchuria was replaced by a warm red soil, through which the first tokens of spring were beginning to appear.

1. 만주의 추운 빛깔은 봄을 알리는 첫기운이 솔솔 보이는 **따뜻하고 붉은 흙으로** 바뀌었다.

2. 만주의 추운 빛깔은 봄을 알리는 첫기운이 솔솔 보이는 **따뜻한 황토로** 바뀌었다.

3. 만주의 추운 빛깔은 봄을 알리는 첫기운이 솔솔 보이는

황토로 따뜻하게 바뀌었다.

4. 만주의 추운 빛깔은 봄을 알리는 첫기운이 솔솔 보이는 황토로 푸근하게 바뀌었다.

형용사 여럿이 명사를 꾸밀 때는 앞의 형용사를 나열의 어미 '-고'로 연결하고 마지막 형용사만 어미 '-ㄴ/은'으로 처리합니다. 번역 1처럼 말이지요. 그런데 warm과 red는 똑같이 형용사이지만 red는 soil의 항구적 속성인 반면 warm은 안 그렇습니다. 계절이 바뀐다고 흙의 색깔이 달라지지는 않지만 여름이 되면 같은 붉은 흙이라도 덥게 느껴질 수 있으니까요. 원문에서 red soil이라고 말한 것은 실은 조선 땅의 '황토'입니다. 원문은 에밀리 조지아나 켐프라는 영국인 여행가가 1910년 조선이 일본에 먹히기 몇 달 전 만주 여행을 마치고 조선 땅으로 들어서면서 받았던 첫인상이었습니다. 번역 1에서는 '따뜻하고'의 연결어미 '-고'로 인해 '붉은'이 '따뜻하고'와 밀착되다보니 '황토'에서 떨어져나와 겉도는 느낌을 줍니다. 번역 2는 '따뜻한 황토'가 한결 안정감을 주지만 그 앞의 '봄을 알리는 첫 기운이 솔솔 보이는'도 형용사절이라 초점이 '황토'가 아니라 '따뜻한'으로 쏠리는 느낌을 줍니다. 그래서 번역 3에서는 형용사 '따뜻한'을 부사 '따뜻하게'로 바꿨습니다. 그리고 번역 4에서는 한국어의 다양한 표현을 살려 '따뜻하게'를 '푸근하게'로 바꿔서 문장을 한결 푸근하게 만들었습니다.

Only 60% of female South Korean graduates aged **between 25 and 64** are in work.

1. 대학을 졸업한 25세에서 65세 사이에 있는 한국 여성의 60퍼센트만 일한다.

2. 25세부터 65세까지 대졸 한국 여성 중 60퍼센트만 일한다.

초점은 '60퍼센트만 일한다'는 것입니다. 그런데 번역 1은 형용사절 '대학을 졸업한 25세에서 65세 사이에 있는'이 '한국 여성'을 꾸며주면서 '한국 여성'이 부각되는 구조입니다.

1. 수많은 우수한 여성 인재가 지원했다.
2. 우수한 여성 인재가 대거 지원했다.

역시 번역 1에서는 '여성 인재'에게 쏠려야 할 관심을 '우수한'이 가로챕니다. 해법은 번역 2처럼 형용사 '수많은'을 부사 '대거'로 바꾸는 것입니다.

This otherworldly Paradise is often endowed with a miraculous spring or a tree of life that provides eternal life and youth.

1. 이 저세상의 낙원에는 영험한 샘물이나 생명의 나무가 있어서 영생과 젊음을 준다.

2. 이 저세상 낙원에는 영험한 샘물이나 생명의 나무가 있어서 영생과 젊음을 준다.

보통 종교에서 말하는 낙원은 죽은 다음에 누리는 낙원입니다. 이 세상의 낙원이 아니라 저 세상의 낙원입니다. 하지만 유대교에서는 죽은 다음의 세상을 별로 말하지 않습니다. 유대교에서 낙원은 이 세상에서 차지하고 누려야 할 땅입니다. 위 영문은 이런 유대교와 대비되는 일반 종교의 낙원을 설명합니다. otherworldly는 꼭 죽은 다음의 세상이 아니라 우리가 살아가는 세상과는 다른 세상, 별세계를 뜻하지만 여기에서는 이승과 대비되는 저승을 가리키는 말로 쓰였으므로 저세상으로 옮겼습니다. 그런데 번역 1처럼 otherworldly가 형용사라고 해서 '저 세상의'로 옮기면 '이'가 '낙원'에 달라붙지 못하고 '저 세상'에 달라붙습니다. 이걸 막으려면 번역 2처럼 '의'를 없애서 '저 세상'이 '낙원'과 한몸이 되도록 만들어야 합니다. 그리고 '저 세상'을 '저세상'

으로 붙였습니다.

*

The NHS is the only health system in the **industrialised
world** where wealth does not determine access to care —
providing the most widely accessible treatments at low
cost among **rich nations**, a key study has found.

1. 영국의 국민보건공공망은 저비용으로 **공업국** 중에서 가
장 폭넓은 진료를 제공하며 **부국** 의료 제도 중에서 재산이 많
고 적고가 치료를 받고 못 받고를 결정하지 않는 유일한 제도
라고 한 권위 있는 조사가 밝혔다.

2. 영국의 국민보건공공망은 저비용으로 **선진국** 중에서 가
장 폭넓은 진료를 제공하며 **선진국** 의료 제도 중에서 재산이
많고 적고가 치료를 받고 못 받고를 결정하지 않는 유일한 제
도라고 한 권위 있는 조사가 밝혔다.

영어는 같은 말이 반복되는 것을 싫어합니다. 그래서 똑같
은 대상을 가리키는데도 일부러 다르게 나타냅니다. 가령 원
문에서 the industrialised world와 rich nations는 같은 대
상을 가리킵니다. 하지만 한국어는 같은 말이 반복되는 것을

싫어하지 않습니다. 똑같은 대상을 가리키는 말은 똑같이 써주는 쪽을 한국어는 더 좋아합니다. the industialised world는 공업력에 중점을 둔 말이고 rich nations는 말 그대로 잘사는 나라들입니다. 전자는 '공업국'으로 후자는 '부국'으로 옮길 수 있겠지요. 하지만 공업국도 부국도 문장 안에서 시선을 끄는 말입니다. 그러다보니 문장의 주인공이 아닌데도 필요 이상으로 관심을 받습니다. 따라서 '선진국'처럼 안정되어서 관심을 덜 끄는 말로 적당히 나타내는 것이 좋습니다.

하지만 세부에 너무 집착하지 말란 소리가 세부를 소홀히 다루어도 좋다는 뜻은 아닙니다.

I had a telegram from **the** home.

여기서 the home은 집이 아니라 요양원입니다. 엄마가 죽었다는 전보를 받았다고 프랑스 작가 알베르 카뮈가 쓴 소설 《이방인》의 주인공이 서두에서 밝히는 대목입니다.

The house is about 30 yards from **a** restaurant and bar.

여기서 a restaurant and bar는 '식당과 주점'이 아니라 '식당 겸 주점'입니다. 부정관사 a가 하나뿐이니 두 곳이 아니라

한 곳입니다.

He brought home **a** hunchback.

이것은 작가 조세희의 《난장이가 쏘아올린 작은 공》 영문 번역판에 나오는 문장입니다. 원문은 어떨까요.

아버지는 **처음 보는** 꼽추 한 사람을 데리고 왔다.

영어 부정관사 a는 '한'이나 '어떤'보다 낯선 느낌을 훨씬 더 강하게 나타내는 표현임을 알 수 있습니다. 따라서 처음 등장하는 인물 앞에 a가 달렸을 때 그 인물을 '처음 보는'이라고 부각하는 것은 불필요한 찌르기가 아니라 독자의 관심을 확 끌어당기는 절묘한 찌르기입니다.

Towns and cities rushed to confer honorary citizenship on the new chancellor.
1. 읍과 도시가 새 총리에게 앞다투어 명예시민권을 주었다.
2. 크고 작은 도시가 새 총리에게 앞다투어 명예시민권을 주었다.

town은 옮기기 어려운 말입니다. 미국보다 특히 영국에서 많이 쓰는 말인데 village보다 크고 city보다 작은 공동체를 말합니다. 물론 '읍'으로 옮겨도 좋을 때가 있지만 번역 1처럼 '읍과 도시'로 하면 생뚱맞은 느낌을 줍니다. 이럴 때는 번역 2처럼 '크고 작은 도시' 안에 슬쩍 묻어줘도 괜찮습니다. 다음 장의 주제는 '맞추기'입니다.

아버지가 평생을 통해 해 온 일은 다섯 가지이다. **채권 매매,
칼 갈기, 고층 건물 유리 닦기, 펌프 설치하기, 수도 고치기이다.**

조세희 작가의 《난장이가 쏘아올린 작은 공》에 나오는 대
목입니다. '채권 매매'만 빼고 나머지는 행위를 나타내는 동
사의 명사형 어미 '-기'로 끝납니다. '매매'를 '사고팔기'로
했으면 문장의 박자감이 더 살아났겠지만 '채권 매매'가 하
나의 단어처럼 쓰인다고 작가가 보았기에 '-기' 꼴로 바꾸지
않았겠지요. 하지만 영문 번역에서는 '채권 매매'의 독자성을
허용하지 않았습니다. 고딕체 글씨에 해당하는 한국어 문장
의 두 영문 번역은 이렇습니다.

1. a trader of bonds, a knife sharpener, a high window washer, a pump installer, and a plumber

2. selling bonds, sharpening knives, washing windows in highrises, installing water pumps, and a plumber

번역 1에서는 '행위'를 '직업'으로 바꾸었고 번역 2에서는 원문 그대로 행위를 살려 동명사를 썼습니다. 중요한 것은 번역 1처럼 직업으로 통일하건 번역 2처럼 행위로 통일하건 문장을 구성하는 동급의 요소들을 하나로 맞췄다는 것입니다. 맞춘다는 것은 글의 박자감을 살린다는 뜻입니다.

1. 이 가슴 아픈 소식은 방방곡곡으로 퍼져나가서 **초가집**에서도 **저택**에서도 수없이 이야기되고 또 이야기되었다.

위 문장을 가만히 소리 내어 읽어보십시오. 아귀가 살짝 안 맞는 느낌이 들지 않습니까. 초가집과 저택의 글자 수가 달라 무게 중심이 조금 흔들리는 느낌이 들지 않습니까. 글자 수를 한번 맞춰볼까요.

2. 이 가슴 아픈 소식은 방방곡곡으로 퍼져나가서 **초가집**에서도 **대저택**에서도 수없이 이야기되고 또 이야기되었다.

균형감이 한결 살아나기는 하지만 저택이란 말 자체가 아주 큰 집이라는 뜻인데 여기에 '대'자를 덧붙여 만든 단어가 좀 옹색하다는 느낌도 듭니다. 네 글자로 가보면 어떨까요.

3. 이 가슴 아픈 소식은 방방곡곡으로 퍼져나가서 **오막살이**에서도 **고대광실**에서도 수없이 이야기되고 또 이야기되었다.

오막살이는 고유어이고 고대광실은 한자어이지만 모두 네 글자 낱말이라서 균형이 맞습니다. 아주 작은 집과 아주 큰 집의 대비 효과는 오막살이라는 고유어와 고대광실이라는 한자어 덕분에 더 도드라집니다. 운율은 시 같은 운문에서만 중요한 것이 아닙니다. 평범한 산문에서도 운율을 살린 문장은 독자를 편하게 해줍니다.

The weaknesses of markets have been overstated and their strengths underestimated.

영한사전에서 overstate를 찾으면 보통 '과장하다'로 나오고 underestimate는 '과소평가하다'로 나옵니다.

1. 시장의 약점은 과장되었고 그 강점은 과소평가되었다.

위 문장에 박자감을 주고 싶다면 어떻게 바꿔야 할까요. 그렇지요. 가장 손쉬운 길은 과장을 과대평가로 바꾸는 것이겠지요. 이렇게요.

2. 시장의 약점은 과대평가되었고 그 강점은 과소평가되었다.

박자감을 더 살릴 수는 없을까요. 그렇습니다. 대명사 '그'를 명사 '시장'으로 되돌리면 균형감이 더 살아나겠지요.

3. 시장의 약점은 과대평가되었고 시장의 강점은 과소평가되었다.

대안은 더 있습니다.

4. 시장의 약점은 고평가되었고 시장의 강점은 저평가되었다.
5. 시장의 약점은 부풀려졌고 시장의 강점은 깎아내려졌다.
6. 시장의 약점은 과장되었고 시장의 강점은 폄하되었다.

마찬가지로 '부자와 가난뱅이'보다는 '부자와 빈자'나 '잘

사는 사람과 못사는 사람'이 글의 균형감을 높입니다. 또 오막살이와 고대광실처럼 대비 효과를 높일 때가 아니면 고유어는 고유어끼리 한자어는 한자어끼리 모아줄 때 박자감이 더 살아납니다. 그래서 '생김새와 억양'보다는 '생김새와 말씨'나 '외모와 억양'이 낫고 '미끄러져 추락했다'보다는 '미끄러져 떨어졌다'가 낫습니다.

Heroes embody their societies' contradictions and traumas, and open the way for transcending them.

1. 영웅은 자신이 몸담았던 사회의 모순과 상처를 체현하는 인물이다. 그리고 그 모순과 상처를 넘어서는 길을 연다.

2. 영웅은 자신이 몸담았던 사회의 모순과 상처를 체현하는 인물이다. 그리고 그 모순과 상처를 극복하는 길을 연다.

3. 영웅은 자신이 몸담았던 사회의 모순과 상처를 받아안는 인물이다. 그리고 그 모순과 상처를 넘어서는 길을 연다.

번역 1도 껄끄럽지는 않지만 한자어 '체현하는'과 '극복하는'이 나란히 있는 번역 2와 고유어 '받아안는'과 '넘어서는'이 함께 있는 번역 3에서 더 균형감이 느껴집니다.

We work from dawn to dusk.

1. 우리는 새벽부터 저물녘까지 일한다.

2. 우리는 새벽부터 저녁까지 일한다.

3. 우리는 해뜰녘부터 해질녘까지 일한다.

원문에서 dawn과 dusk는 운을 맞추었습니다. 번역 2는 dusk를 '저녁'으로 옮겼다는 점에서 정확성은 떨어질지 몰라도 두 글자로 최소한의 리듬을 살렸다는 점에서는 번역 1에 못 미친다고 단정하기 어렵습니다. 번역 3은 리듬도 살리고 운도 살렸습니다.

Since the creation of the world, one neither saw nor conquered so great wealth.

1. 세상이 창조된 뒤로 그렇게 엄청난 재부는 본 적도 없었고 정복한 적도 없었다.

2. 세상이 창조된 뒤로 그렇게 엄청난 재부는 **구경한** 적도 없었고 **정복한** 적도 없었다.

번역 1의 '본'과 '정복한'보다는 번역 2의 '구경한'과 '정복한'이 더 안정감을 줍니다.

원문에서 균형감을 찾기 어려워도 번역문에서 박자감을 만들어내면 독자는 읽기가 한결 편해집니다.

Under a system of high taxation the gambler escapes while the same taxation kills the man who is trying to save.

1. 중세 체제에서 도박꾼은 달아나고 아끼려는 사람은 죽는다.

2. 중세 체제에서 도박꾼은 **빠져나가고** 아끼려는 사람은 죽어나간다.

3. 중세 체제에서 도박꾼은 **빠져나가고** 근검절약자는 죽어나간다.

4. 중세 체제에서 도박투전꾼은 **빠져나가고** 근검절약자는 죽어나간다.

번역 2에서 '빠져나가다'와 '죽어나가다'로 동사의 운율을 맞춰냈지만 명사 '도박꾼'과 명사구 '아끼려는 사람'이 삐거덕거립니다. 번역 3처럼 명사구 '아끼려는 사람'을 명사 '근검절약자'로 바꾸니 명사 '도박꾼'과 균형이 맞습니다. 내친 김에 번역 4처럼 '도박투전꾼'으로 글자 수까지 맞추니 '근검절약자'와 궁합이 더 잘 맞습니다.

1. 중세의 왕은 돈의 가치를 99퍼센트 **지켰지만** 오늘날의 중앙은행은 돈의 가치를 99퍼센트 상실했다.

2. 중세의 왕은 돈의 가치를 99퍼센트 **지켰지만** 현대의 중앙
은행은 돈의 가치를 99퍼센트 잃었다.

3. 어제의 왕은 돈의 가치를 99퍼센트 **지켰지만** 오늘의 중앙
은행은 돈의 가치를 99퍼센트 잃었다.

4. **지난날** 왕은 돈의 가치를 99퍼센트 **지켰지만** 오늘날 중앙
은행은 돈의 가치를 99퍼센트 잃었다.

문장 1보다는 문장 2, 3, 4가 균형감과 안정감을 줍니다.
이번에는 낱말의 차원이 아니라 구문의 차원에서 박자감을
찾아볼까요.

1. 오늘 우리가 겪는 병폐는 국가 간섭의 병폐가 아니라 자
유의 상실이라는 병폐입니다.

2. 오늘 우리가 겪는 병폐는 국가의 간섭이라는 병폐가 아니
라 자유의 상실이라는 병폐입니다.

문장 1보다 문장 2가 더 안정되게 읽히는 것은 '국가의 간
섭이라는 병폐'와 '자유의 상실이라는 병폐'가 저울의 양쪽에
서 균형을 잘 잡아주어서입니다.

원문에 무작정 끌려가다보면 균형감을 잃을 수도 있습니
다.

Slaves were **not only** purchased and sold like livestock, but like land, slave status was passed down from generation to generation.

1. 노비는 가축처럼 사고 팔렸을 뿐 아니라 노비 신분은 토지처럼 대물림되었다.

2. 노비는 가축처럼 사고 팔렸고 노비 신분은 토지처럼 대물림되었다.

번역 1처럼 원문의 not only에 해당하는 '-ㄹ 뿐 아니라'를 그대로 살려놓으면 문장의 초점이 그리로 쏠립니다. 그런데 '-ㄹ 뿐 아니라' 다음에는 보통 '-도 하다'가 이어지는데 여기서는 그게 빠져서 허전한 느낌이 들면서 균형이 흐트러집니다. 그래서 번역 2처럼 아예 not only를 무시하고 주제 조사 '는'을 대비시키면 문장의 균형감이 살아납니다.

1. 이제는 서울에서도 런던에서도 어디든지 떡볶이를 먹을 수 있다.

2. 이제는 서울에서도 런던에서도 어디에서도 떡볶이를 먹을 수 있다.

3. 이제는 서울이든 런던이든 어디든 떡볶이를 먹을 수 있다.

역시 문장 1보다는 문장 2와 3이 운율에 신경을 쓴 문장입니다.

1. 떡국은 풍부한 맛으로 몸을, 정이 깊어 마음을 덥혀주는 음식이다.

2. 떡국은 풍부한 맛으로 몸을, 깊은 정으로 마음을 덥혀주는 음식이다.

3. 떡국은 풍부한 맛으로 몸을 덥혀주고 깊은 정으로 마음을 덥혀주는 음식이다.

문장 1보다 문장 2가 낫고 동사를 반복해준 문장 3이 문장 2보다 안정감을 줍니다.

시제도 맞춰주어야 좋습니다.

1. 내가 비옷을 벗자 두 여자는 친절하게도 가방에서 휴지를 꺼내 같이 아이스크림을 닦아주고 영국인으로 보이는 덩치 큰 오십 대 남자도 휴지를 더 가져다주었다.

2. 내가 비옷을 벗자 두 여자는 친절하게도 가방에서 휴지를 꺼내 같이 아이스크림을 닦아줬고 영국인으로 보이는 덩치 큰 오십 대 남자도 휴지를 더 가져다주었다.

3. 내가 비옷을 벗자 두 여자는 친절하게도 가방에서 휴지를

꺼내 같이 아이스크림을 닦아주고 영국인으로 보이는 덩치 큰 오십 대 남자도 휴지를 더 가져다준다.

한국어에서는 주어가 다르면 시제를 따로 나타내야 합니다. 문장 1에서 '닦아주고'의 주어는 '두 여자는'이고 '가져다주었다'의 주어는 '오십 대 남자'입니다. 과거시제로 나타내려면 문장 2처럼 똑같이 과거로 나타내야 하고 현재시제로 나타내려면 문장 3처럼 똑같이 현재로 나타내야 합니다. 그런데 문장 2는 시제는 통일해줬지만 '닦아줬고'와 '가져다주었다'가 좀 삐걱거립니다. '닦아줬고'와 '가져다줬다'로 하거나 '닦아주었고'와 '가져다주었다'로 통일해야 문장이 안정을 찾습니다.

1. 프랑스는 유럽에서 강대국으로 성장했고 프랑스어가 외교 언어로서 라틴어를 대체하였다.
2. 프랑스는 유럽에서 강대국으로 성장하였고 프랑스어가 외교 언어로서 라틴어를 대체하였다.
3. 프랑스는 유럽에서 강대국으로 성장했고 프랑스어가 외교 언어로서 라틴어를 대체했다.

문장 1은 '했고'와 '하였다'가 함께 있어 불안합니다. 문장

2와 문장 3처럼 길이를 맞춰야 좋습니다.

His aunt kept house while his uncle mended clocks and watches.

1. 이모는 가정주부였고 이모부는 시계를 수리했다.

2. 이모는 가정주부였고 이모부는 시계수리공이었다.

3. 이모는 살림을 했고 이모부는 시계를 고쳤다.

4. 이모는 살림을 했고 이모부는 벽시계와 손목시계를 고쳤다.

5. 이모는 집에서 살림을 했고 이모부는 벽시계와 손목시계를 고쳤다.

원문은 kept house와 mended clocks and watches처럼 '타동사＋목적어'로 되어 있습니다. 그런데 번역 1은 전반부가 '직업'이고 후반부만 '타동사＋목적어'입니다. 균형이 안 맞습니다. 번역 2는 원문과 달리 앞뒤 모두 '가정주부'와 '시계수리공'이라고 직업으로 처리했지만 균형이 맞습니다. 번역 3은 원문과 같게 '타동사＋목적어'로 처리했습니다. 번역 3은 clocks와 watches를 그냥 '시계'로 묶었지만 번역 4는 '벽시계'와 '손목시계'로 살려주었습니다. 번역 1을 빼고 나머지는 모두 균형이 잡혀서 괜찮지만 원문에 충실하다는 점에서 번역 4가 제일 좋아 보입니다. 후반부가 좀 길어 균형이 안 맞는다 싶으면 번역 5처럼 전반부에 '집에서'를 넣어 '이모는 집에서 살림을 했고 이모부는 벽시계와 손목시계를 고쳤다'고 옮길 수도 있겠지요.

A stuffed aligator, a drowned barber, a pair of silver shoes seemed to me just as strange as a king losing his head.

1. 박제된 악어, 익사한 이발사, 은구두 한 켤레는 왕이 목을 잃은 것만큼이나 신기하게만 보였다.

2. 박제된 악어, 익사한 이발사, 은구두 한 켤레는 목을 잃은 왕만큼이나 신기하게만 보였다.

번역 1은 전반부가 '박제된 악어, 익사한 이발사, 은구두 한 켤레'라고 '수식어+명사'로 되어 있지만 후반부는 '왕이 목을 잃은 것'이라고 명사절로 되어 있어 균형이 안 맞습니다. 번역 2처럼 후반부를 '목을 잃은 왕'으로 고쳐주어야 문장이 안정을 찾습니다.

While **precursors and contemporaries like Isabella Bird (1831~1904) and Gertrude Bell(1868~1926)** have been the subjects of much research and writing, Emily Georgiana Kemp(1860~1939) remains a virtual unknown.

영한사전에 precursor과 contemporary는 보통 '선구자, 선배'와 '동시대인, 동년배'로 나옵니다. 그럼 어떻게 연결지어야 좋을까요. 조합 가능성은 '선구자와 동시대인' '선구자와 동년배' '선배와 동시대인' '선배와 동년배' 네 가지입니다. 당연히 넷째 조합이 제일 낫습니다. 생몰 연대를 빼면 굵은 글씨로 된 부분을 '이사벨라 버드나 거트루드 벨 같은 선배나 동년배'로 옮길 수 있겠지요. 괜찮긴 하지만 '선배'와 '동년배'라는 말이 약간 격이 떨어져 보일 수도 있습니다. 다른 방법은 없을까요? 있습니다. 단어가 아니라 구로 풀어주는 방법이 있습니다. 이렇게요.

1. 이사벨라 버드나 거트루드 벨처럼 한발 앞서 활동했거나 비슷한 시기에 활동한 여행가

원문에는 생몰 연대가 나와 있지만 생몰 연대가 없다고 해봅시다. 그럼 누가 선배이고 누가 동년배인지를 분명히 밝혀주는 쪽이 좋습니다. 이렇게요.

2. 이사벨라 버드처럼 한발 앞서 활동했거나 거트루드 벨처럼 비슷한 시기에 활동한 여행가

전체 영문을 옮기면 이렇게 됩니다.

3. 이사벨라 버드(1831~1904)처럼 한발 앞서 활동했거나 거트루드 벨(1868~1926)처럼 비슷한 시기에 활동한 여행가는 수많은 연구와 집필의 주제가 되었지만 에밀리 조지아나 켐프(1860~1939)는 사실상 미지의 인물로 남아 있다.

오독의 여지가 있을 때 반복을 통해 뜻을 분명히 밝히고 박자감도 살릴 수 있습니다.

The fact that you did not trouble to find out whether it was productive or no shows that you are indifferent to the wrong of usury, and willing to do that wrong under the pretence that it was not your business to inquire.

1. 그게 과연 생산적인지 아닌지 굳이 알려고 하지 않았다는 건 당신이 고리대금의 해악에 무관심하고 캐묻는 건 내 일이 아니라며 그런 해악을 기꺼이 저지르려고 한다는 **사실을** 보여줍니다.

2. 그게 과연 생산적인지 아닌지 굳이 알려고 하지 않았다는 건 당신이 고리대금의 해악에 **무관심한 사람**이고 캐묻는 건 내 일이 아니라며 그런 해악을 기꺼이 **저지르려는 사람**임을 보여줍니다.

　3. 그게 과연 생산적인지 아닌지 굳이 알려고 하지 않았다는 점에서 당신은 고리대금의 해악에 **무관심한 사람**이고 캐묻는 건 내 일이 아니라며 그런 해악을 기꺼이 **저지르려는 사람**입니다.

번역 1은 '고리대금의 해악에 무관심하고 캐묻는 건'으로 오인될 여지가 있으므로 끊어주어야 합니다. 그래서 번역 2처럼 '사람'으로 차단했습니다. 그리고 비생명 주어보다는 생명 주어가 읽기 수월하므로 번역 2의 '보여줍니다'를 번역 3의 '입니다'로 바꿨습니다. 원문은 '-는 사실은 -는 사실을 보여주다' 구조입니다. 초점이 조역인 '사실'에 쏠렸고 조역인 '보여주다'에 쏠렸습니다. 앞부분의 '-는 사실은'을 '-라는 점에서'로 바꾸면 뒷부분의 사실을 '-입니다'로 단박에 드러낼 수 있습니다.

If you find it too difficult leave it out; but if you find as you read that you can understand it, it is worth going into, because it **is quite new** (you will not find it in any other book), and it is **very useful in helping one to understand certain difficult problems which have arisen in our modern society and which have become a danger today.**

1. 너무 어렵다 싶으면 건너뛰어도 좋지만 읽으면서 이해가 된다 싶으면 들어가볼 만한데 왜냐, 아주 새롭고 (이건 어떤 책에서도 못 접하니까) 우리가 사는 현대 사회에서 실제로 일어났고 이제는 위험해진 난제 몇 가지를 이해하는 데 아주 요긴하거든.

2. 너무 어렵다 싶으면 건너뛰어도 좋지만 읽으면서 이해가 된다 싶으면 들어가볼 만한데 왜냐, 아주 새로워**서도 그렇**고 (이건 어떤 책에서도 못 접하니까) 우리가 사는 현대 사회에서 실제로 일어났고 이제는 위험해진 난제 몇 가지를 이해하는 데 아주 도움이 되어**서도 그래.**

원문에서 it의 술어가 두 부분인데 앞부분은 짧고 뒷부분은 깁니다. 그래서 번역 1처럼 '새롭고'라고만 해버리면 '새롭고'가 '새롭고 우리가 사는 현대 사회'로 흘러가서 마치 '새롭고'가 '현대 사회'를 꾸미는 수식어처럼 오해되기 쉽습니다. 그래서 그런 오독의 여지를 없애려고 번역 2에서는 '-서도 그렇다'는 표현을 앞부분과 뒷부분에 모두 붙여주었습니다.

It makes the peasant keen to grasp at the smallest sums of money, to hesitate on spending where he can save, to abhor magnificense, luxuries, and every form of what he feels to be waste.

1. 자립심이 워낙 강하기에 농부는 푼돈이라도 챙기려 들고 허투루 쓰기를 망설이고 으리으리한 것, 사치품, 뭐든 낭비다 싶은 것을 꺼린다.

2. 자립심이 워낙 강하기에 농부는 푼돈이라도 챙기려 들고 허투루 쓰기를 망설이고 으리으리한 것, 호사스러운 것, 뭐든 낭비다 싶은 것을 꺼린다.

말은 간결할수록 좋다고 하지만 운율을 살리려면 꼭 그렇지도 않습니다. '으리으리한 것' '뭐든 낭비다 싶은 것'과 균형을 맞추려고 번역 1의 '사치품'을 번역 2의 '호사스러운 것'으로 바꿨습니다.

1장에서 쉼표를 아껴쓰자고 했습니다만 한국어 어미나 조사를 잘 활용해서 쉼표도 아끼고 운율도 살리는 길이 있습니다.

The heroism of the soldiers, the burning-down of Moscow to save it from the French, and the peasant partisans who forced the Grande Armée to hurry back to Europe through the snow – all these were the signs, it seemed to him, of a national reawakening.

병사들의 영웅심하며 프랑스군에게 내주지 않으려고 모스크바를 불태운 것하며 프랑스가 자랑하던 대육군을 눈보라 속에서 유럽으로 내몬 농민 빨치산하며 1812년에 보통 사람들이 보여준 그 모든 애국 정신이 그의 눈에는 국민이 다시 잠에서 깨어나는 조짐으로 보였다.

그렇지만 모습이 같다고 해서 어미를 생각 없이 반복하지 말아야 할 때도 있습니다.

With so much land and so many slaves they were sure of a certain average annual produce.

1. 땅도 넓겠다, 노예도 많겠다, 해마다 평균 이 정도 수확하겠다 예상이 가능했다.

2. 땅도 넓겠다 노예도 많겠다 해마다 평균 이 정도 수확하겠다는 예상이 가능했다.

번역 1에서 앞의 두 '넓겠다'와 '많겠다'의 '겠다'와 마지막 '수확하겠다'의 '겠다'는 성격이 다릅니다. 앞의 두 '겠다'

는 비슷한 것의 나열을 뜻하지만 뒤의 '겠다'는 추측을 뜻하고 다음에 오는 명사 '예상'을 수식합니다. 그러므로 어미 '-는'을 번역 2처럼 덧붙이는 것이 좋겠습니다.

발음이 비슷한 단어들의 대비에서 오는 효과는 가급적 살려야 좋습니다. 안 그러면 번역이 무의미해집니다.

Once when he was sent out to buy **faggots** for their **tea** and came back with **maggots** instead – well!

1. 한번은 차를 끓이려고 장작을 사 오라고 했더니 구더기를 들고 오더라니까 글쎄!

2. 한번은 국을 끓이려고 시래기를 사 오라고 했더니 쓰레기를 들고 오더라니까 글쎄!

원문에서 faggot과 maggot는 운이 딱 맞아떨어지지만 번역 1의 '장작'과 '구더기'는 소리도 뜻도 아예 무관합니다. 개별 단어는 정확하게 옮겼을지 몰라도 두 단어의 발음이 비슷한 데에서 생기는 익살스러운 효과는 전혀 살리지 못했습니다. 반면 번역 2는 개별 단어는 각각 '장작'을 '시래기'로 '구더기'를 '쓰레기'로 잘못 옮겼을지 모르지만 발음이 비슷한 faggot과 maggot 두 단어의 관계는 '시래기'와 '쓰레기'로 잘 옮겼습니다. 두말 하면 잔소리지만 이 문장의 묘미는 잘못 알아들음직한 두 단어를 제대로 박아넣어야 살아나므로 번역 2가 번역 1보다 정확한 번역이라고 할 수 있습니다.

　1. 버나드 쇼는 **치통**으로 고생하는 사람들은 **이빨**이 튼튼한 사람이 무조건 행복하다고 생각하기 마련이라고 말했다.
　2. 버나드 쇼는 **치통**으로 고생하는 사람들은 **이**가 튼튼한 사람이 무조건 행복하다고 생각하기 마련이라고 말했다.
　3. 버나드 쇼는 **치통**으로 고생하는 사람들은 **치아**가 튼튼한 사람이 무조건 행복하다고 생각하기 마련이라고 말했다.

　'치통'이라는 말이 앞에 나오지 않는다면 '치아'보다 '이빨'이나 '이'처럼 토박이말을 쓰는 것이 좋겠지만 앞에 '치통'이라는 말이 있으면 뒤에서 '치아'로 받쳐주는 것이 글의 맵시를 한결 살려줍니다.

*

　글이나 책에서 핵심이 되는 개념은 자주 사용되므로 번역자가 옮길 때 특히 정성을 기울여야 합니다. 심리학자 윌리엄 제임스는 신앙인을 twice-born과 once-born으로 구별했습니다. 자기 일신의 행복과 영생만을 바라는 피상적 신앙을 가진 사람은 once-born에 머무르는 사람이고 근본적 불행까지 감수하려는 신앙을 가진 사람은 twice-born으로 올라서는 사람이라고 윌리엄 제임스는 보았습니다. twice-born 하면 '거듭난'이 자연스럽게 떠오릅니다. 그런데 once-born에는 그렇게 안정된 정착어가 없습니다. 그리고 한국어 '한번'과 '한 번'은 다릅니다. '한번 해보세요'와 '한 번만 해보세요'의 차이입니다. once-born의 once는 '한번'이 아니라 '한 번'입니다. 띄어씁니다. 그런데 '거듭'은 붙여씁니다. 그래서 두 영어 단어를 '한 번 난'과 '거듭난'으로 옮기면 균형이 안 맞습니다. 따라서 '한 번 난'과 '두 번 난' 아니면 '한 번 태어난'과 '두 번 태어난'으로 옮기는 편이 낫습니다. 그래야 소리가 맞아떨어지니까요. 그런데 '난'은 '날아간'으로 오해할 수도 있으니 '태어난'이 더 좋아 보입니다. 그래서 once-born은 '한 번 태어난 사람'으로 twice-born은 '두 번 태어난 사람'으로 옮길 수 있겠지요.

구호는 특히 간결하면서도 박자를 살려 옮겨야 좋습니다.

Leadership is about "doing the right thing", whereas management involves "doing things right".

1. 리더십은 "옳은 일을 하는 것"이라면 경영은 "일을 옳게 하는 것"에 중점을 둔다.

2. 리더십은 "옳은 일을 하는 것"이고 경영은 "옳게 일을 하는 것"이다.

3. 지도자는 "옳은 일을 하는 것"이고 경영자는 "옳게 일을 하는 것"이다.

4. 지도자는 "옳은 일을 하는 사람"이고 경영자는 "옳게 일을 하는 사람"이다.

5. "옳은 일을 하는 사람"이 지도자고 "옳게 일하는 사람"이 경영자다.

6. "옳은 일 하는 사람"이 지도자고 "옳게 일하는 사람"이 경영자다.

7. "옳은 일 하는 이"가 지도자고 "옳게 일하는 이"가 경영자다.

번역 1은 원문에는 충실할지 몰라도 구호 특유의 응집력과 균형감이 없습니다. 번역 2는 군살을 발라냈지만 '리더십'과 '경영'의 높낮이가 안 맞습니다. 번역 3은 '지도자'와 '경영자'로 높낮이를 맞췄지만 '지도자'는 '옳은 일을 하는 것'이 아니라 '옳은 일을 하는 사람'으로, '경영자'는 '옳게 일을 하는 것'이 아니라 '옳게 일을 하는 사람'으로 번역 4처럼 높낮이를 다시 맞출 필요가 있습니다. 그런데 번역 4는 'A는 B'의 구조인데 A가 명사이고 B가 명사절이라서 구호치고는 좀 늘어지는 느낌이 듭니다. 그래서 번역 5처럼 같은 'A는 B'의 구조라도 A를 명사절로 B를 명사로 처리하면 구호의 응집력과 흡인력이 높아집니다. 번역 6은 목적격 조사 '을'을 덜어내서 구호를 더 간결하게 만들었습니다. 번역 7은 '사람'을 '이'로 줄여 '지도자'와 '경영자'를 부각하면서 구호의 집중력을 더욱 높였습니다.

공들여 쓴 산문은 운율이 살아 있을 때가 많습니다. 그런 산문을 만났을 때 번역자는 좋은 산문의 운율을 살려주고 싶어집니다. 다음은 미국 추리작가 수 그래프턴의 소설에 나오는 대목입니다. 주인공은 사립탐정인데 의뢰인에게 돈을 제대로 받아야지 안 그러면 얕잡아 보이니 조심하라는 내용입니다.

Word gets out **and first thing you know**, everybody thinks you can be had. I went after him for the money **and the next I knew**, I was caught up in events I still haven't quite recovered from.

말이 퍼지면 **느낌이 딱 온다**, 누구나 이쪽을 만만히 본다. 돈을 받으려고 쫓아다니다보니 **느낌이 딱 왔다**, 이거 복잡한 일에 말려들었구나. 그리고 난 아직도 거기서 완전히 헤어나지 못했다.

원문에서 and first thing you know와 and the next I knew는 분명히 한 리듬을 타고 있습니다. 그래서 번역문에서도 그 리듬을 살려주려고 노력했습니다. 수 그래프턴의 문장을 하나 더 인용합니다. 캘리포니아 가을의 정경을 그린 대목입니다.

All I actually saw were **the same old palm trees, the same relentless green** everywhere.

1. 눈에 들어오는 것은 **똑같은 늙은** 야자수에 **똑같은 줄기찬** 녹색뿐이었다.

2. 눈에 들어오는 것은 **똑같이 늙은** 야자수에 **똑같이 줄기찬** 녹색뿐이었다.

번역 1도 번역 2도 똑같이 리듬감이 있지만 3장 '찌르기'에서 말씀드린 대로 '똑같은 늙은'처럼 형용사 어미 '은'이 겹쳐지면 주의가 분산되어 글의 응집력이 떨어집니다. 번역 2처럼 '똑같이 늙은'처럼 앞의 형용사를 부사로 바꿔주는 것이 좋습니다.

다음은 스티브 잡스가 스탠퍼드대학 졸업식에서 한 축사의 일부입니다.

The minute I dropped out I could stop taking the required classes that didn't interest me, and begin dropping in on the ones that looked interesting.

1. 자퇴한 순간부터 저는 흥미가 안 생기는 필수 과목을 그만 들을 수 있었고 재미있어 보이는 과목을 듣기 시작할 수 있었습니다.

2 자퇴한 순간부터 저는 흥미가 안 생기는 필수 과목을 그만 들을 수 있었고 흥미로워 보이는 과목을 새로 들을 수 있었습니다.

번역 1에서는 '흥미'와 '재미'가 '그만 들을 수'와 '듣기 시작할 수'와 살짝 어긋나지만 번역 2에서는 '흥미'와 '흥미'로 바꾸고 '그만 들을 수'와 '새로 들을 수'로 바꾸어 아귀가 맞습니다.

Men can fulfil their being best and are most perfectly themselves when they are owners and free.

1. 사람은 가산을 소유하고 자유를 누릴 때 제 삶을 가장 살찌울 수 있고 가장 온전히 제 모습을 지킨다.

2. 사람은 가산을 소유하고 자유를 누릴 때 제 삶을 가장 살찌울 수 있고 제 모습을 가장 온전히 지킨다.

누가 뭐래도 번역 1보다는 번역 2가 보기에도 좋고 듣기에도 좋습니다.

   1. 고대 그리스에서 글은 입으로 소리 내어 **낭송**하라고 쓴 것이었지 눈으로 말 없이 **묵독**하라고 쓴 것이 아니었습니다.
   2. 고대 그리스에서 글은 입으로 소리 내어 **낭독**하라고 쓴 것이었지 눈으로 소리 없이 **묵독**하라고 쓴 것이 아니었습니다.

   문장 1에도 박자감이 배어 있지만 문장 1처럼 '소리 내어'를 '말 없이'와 대비시키고 '낭송'을 '묵독'과 대비시킨 것보다는 문장 2처럼 '소리 내어'를 '소리 없이'와 대비시키고 '낭독'을 '묵독'과 대비시키는 쪽이 가슴에 더 와닿습니다.
   꼭 번역이 아니라 글을 쓸 때에도 '그들은 좋게 말하면 순진했고 나쁘게 말해서 어리석었다'보다는 '그들은 좋게 말해서 어리숙했고 나쁘게 말해서 어리석었다'처럼 두루 균형을 맞춰 주어야 읽는 사람이 편합니다.

*

   시도 그렇지만 동서양의 모든 경전은 처음에는 암송으로 구전되었습니다. 그래서 박자가 살아 있습니다. 그래야 잘

외워지니까요. 따라서 경전을 번역할 때도 박자를 살리는 데 각별히 유념해야 합니다. 구약 〈이사야서〉 14장 27절을 한번 볼까요.

For the LORD Almighty has purposed, and who can thwart him? His hand is stretched out, and who can turn it back?

1. 만군의 여호와께서 경영하셨은즉 누가 능히 그것을 폐하며 그의 손을 펴셨은즉 누가 능히 그것을 돌이키랴(개역개정)

2. 만군의 주님께서 계획하셨는데, 누가 감히 그것을 못하게 하겠느냐? 심판하시려고 팔을 펴셨는데, 누가 그 팔을 막겠느냐?(새번역)

3. 전능하신 여호와께서 이렇게 하시기로 작정하셨으니 누가 그 계획을 좌절시킬 수 있겠는가? 그가 벌하시려고 손을 펴셨으니 누가 그것을 막을 수 있겠는가?(현대인의 성경)

4. 만군의 야훼께서 한번 작정하셨으니 누가 그것을 꺾을 수 있으랴? 그가 한번 팔을 펴시니 누가 감히 거두어들이게 할 수 있으랴?(공동번역)

5. 만군의 야훼께서 뜻을 정하셨으니 누가 그 뜻을 막으랴? 만군의 야훼께서 손을 펴셨으니 누가 그 손을 되돌리랴?

영문은 1978년에 나온 《새국제판성경》이고 번역 1부터 번역 4까지는 기존의 한국어 성경 번역입니다. 번역 1은 '그의 손을'이 아니라 '그가 손을'로 했어야 주격조사 '가'가 '만군의 여호와께서'의 주격조사 '께서'와 궁합이 맞습니다. 번역 2는 '감히 그것을 못하게 하겠느냐'를 '그 계획을 저지하겠느냐'로 했어야 뒤의 '그 팔을 막겠느냐'와 맞아떨어집니다. 번역 3은 '그 계획을 꺾을 수 있겠는가'와 '그 손을 막을 수 있겠는가'라야 아귀가 맞습니다. 번역 4는 '누가 그 뜻을 꺾을 수 있으랴'와 '누가 그 팔을 거둘 수 있으랴'라야 균형이 맞습니다. 번역 5가 가장 읽기도 편하고 듣기도 편하다는 느낌이 들지 않으십니까.

이번에는 동양 경전을 볼까요. 《예기》에 이런 구절이 있다고 합니다.

舊坊爲無所用而壞之者必有水敗
舊禮爲無所用而去之者必有亂患

1. 옛날 제방을 가지고 쓸데없는 것이라 하여 헐어버리는 자는 반드시 물로 인해 재앙을 받고 옛날 예법이 쓸데없다고 하여 없애버리는 자는 반드시 혼란과 근심이 있다.

2. 낡은 둑 쓸모없다 허무는 사람은 반드시 물로 망하고 낡은 예 쓸모없다 버리는 사람은 반드시 난을 당한다.

3. 낡은 둑 쓸모없다 허무는 이 반드시 물로 망하고 낡은
예 쓸모없다 버리는 이 반드시 난을 당한다.

번역 1보다는 번역 2가 훨씬 간결하고 박자감도 있습니다.
그리고 번역 2보다는 번역 3이 더 입에 잘 붙습니다. 한문 경
전은 위 예문처럼 대구를 이룰 때가 많습니다. 원문 자체를
암송하는 데 워낙 맛을 들여서인지 번역문은 그저 토를 다는
수준에 만족할 때도 많습니다. 하지만 번역문도 원문에 깃든
운율을 엄연히 살려내야 하지 않을까요.

1. 요시야 왕은 산당에서 제물을 바쳤던 사이비 사제들을
파면하고 바알과 태양과 달과 하늘의 모든 성좌와 별에게 제물
을 바쳤던 자들을 해고했다.
2. 요시야 왕은 산당에서 제물을 바쳤던 사이비 사제들을
내몰고 바알과 해와 달과 하늘의 모든 별자리와 별에게 제물을
바쳤던 자들을 내쳤다.

문장 1은 '태양' '성좌' 같은 한자어와 '달' '하늘' '별' 같
은 고유어가 같이 있습니다. 가능하다면 한자어로 통일하거
나 고유어로 통일하는 것이 좋습니다. 그런데 고유어 '달'을
한자어 '월'로 바꾸고 고유어 '하늘'을 한자어 '천'으로 바꾸

기는 어렵습니다. 따라서 '태양'과 '성좌'를 각각 '해'와 '별자리'로 문장 2처럼 바꿔주었습니다. 내친김에 '파면하고'와 '해고했다'까지 '내몰고'와 '내쳤다'로 바꾸어 운을 맞춰주었습니다.

1장에서 저는 고대 그리스의 author를 '작자'로, scribe를 '서자'로 대비했습니다. author를 작자로 나타낸 것은 직접 글을 쓴다는 뉘앙스가 강하게 배어든 '작가'와 '저자'를 피하고 싶어서였습니다. 또 scribe를 '필사자'나 '필경사'가 아니라 '서자'로 나타낸 것은 '작자'와 운을 맞추고 싶어서였습니다. '작자와 필사자'보다는 '작자와 서자'가 더 귀에 쏙 들어온다고 생각해서였습니다.

Our culture now places considerably less importance on the **notion** of meaning as conveyed by sound, and considerably more on **meaning** as conveyed by the printed word.

1. 이제 우리 문화는 소리에 담긴 **개념**을 훨씬 덜 중요하게 보고 활자에 담긴 **의미**를 훨씬 더 중요하게 본다.

2. 이제 우리 문화는 소리에 담긴 **뜻**을 훨씬 덜 중요하게 보고 활자에 담긴 **뜻**을 훨씬 더 중요하게 본다.

영어는 같은 뜻이라도 다른 말로 나타내야 공들여 쓴 글이라고 생각하지만 한국어는 다릅니다. 같은 뜻인데도 원문대로 다르게 나타내면 독자는 다른 뜻으로 오독할 수 있습니다. 같은 뜻이면 같은 낱말로 옮겨야 글이 명료해지고 박자감도 살아납니다. 그리고 '개념'이나 '의미' 같은 한자어보다는 '뜻' 같은 고유어가 글의 문턱을 더 낮추어줍니다. 다음 장의 주제는 '낮추기'입니다.

6장
낮추기

> 어능 자가격리가 끈나서 행복하셧음 합니다
>
> 김가루는 닭드시고 볶음밥 해드시라고 너었습니다
>
> 밥이 떨어저서 밥은 못너어습니다
>
> 맥주1병도 서비스입니다

자가격리를 하던 지인이 받은 배달 음식에 붙어 있던 쪽지였다고 합니다. 맞춤법이 여기저기 틀렸지만 한국어를 모국어로 쓰는 사람이라면 누구나 알아볼 수 있는 글입니다. 이글에서는 허세라곤 눈곱만큼도 찾을 길이 없습니다. 있는 것이라면 음식을 먹는 사람에게 조금이라도 따뜻한 마음을 전하려는 정성입니다.

하지만 뜻을 전하기보다 허세를 드러내려는 글도 많습

니다.

1. 포털은 뉴스 편성을 통해 우리 사회의 아젠다세팅에 나선다.
2. 포털은 뉴스 편성을 통해 우리 사회의 의제 설정에 나선다.

문장 1과 문장 2의 차이가 뭘까요. 술술 읽히는 사람도 물론 있겠지만 문장 1의 아젠다세팅이라는 단어에서 멈칫하는 사람이 꽤 있을 겁니다. 아젠다세팅이라는 단어가 독자의 눈길을 끌 가능성이 높다는 뜻입니다. 호기심이 생겨서 눈길을 준다면 모르겠지만 어려워서 눈길이 간다면 좋은 글이 아닙니다.

아젠다의 원어는 agenda라는 라틴어입니다. 《옥스퍼드영어사전》을 보면 1623년쯤 영어에 처음 용례가 나옵니다. 해야 할 일, 과업, 과제라는 뜻으로 쓰였습니다. 그러다가 1800년대 초반부터는 '회의에서 정식으로 논의할 사항들'이라는 뜻을 얻었습니다. 의제라는 뜻이지요.

영어에서 agenda는 agenda paper(의제지)라는 말의 일부로 주로 쓰였습니다. 옛날에 영국에서는 의회가 열리기 전에 미리 회의 주제를 적은 종이를 의원들에게 나눠줬는데 이것이 agenda paper였습니다. agenda는 agenda paper의 준말이었습니다. 그리고 prepare나 settle 같은 동사와 함께 쓸 때가 많았습니다. 의제를 준비한다, 의제를 정한다는 뜻이었지요.

그런데 미국 영어에서는 의제를 정한다는 뜻으로 set the agenda라는 말을 1940년대부터 쓰기 시작했습니다. 이 말은 주로 회의나 회담의 의제를 정한다는 뜻으로 썼지만 1970년대부터는 사회라든가 공동체가 중요하게 생각하고 논의해야 할 주제를 언론이 일방적으로 결정하면서 민주주의의 기초가 흔들리는 위험한 추세 앞에서 언론학자들이 느낀 위기감이 배어든 말로 쓰는 경우가 급증했습니다. 그리고 나중에는 언론의 agenda-setting power 곧 '의제설정력'을 비판적으로 연구하는 분야까지 생겨났습니다.

그런데 agenda는 어떻게 해서 '의제'로 풀이되었을까요. 의제의 한자 議題는 동아시아 한자권에서 오래전부터 쓰던 말이었지만 지금하고는 뜻이 달랐습니다. 옛날의 議題는 '시문 등의 주제를 논의해서 정한다'는 뜻으로 썼습니다. 옛날의 議題는 동사였습니다.

지금의 議題는 명사입니다. '회의 주제'입니다. 《옥스퍼드영어사전》처럼 어떤 말이 역사 문헌에서 처음 나온 연대까지 알려주는 《일본국어대사전》을 보면 회의 주제를 뜻하는 지금의 議題는 막부 말기 네덜란드에서 2년 동안 유학 생활을 한 뒤 일본으로 돌아와 19세기 후반 서양 문화를 일본어로 담아내는 데 크게 기여한 번역가 니시 아마네가 서양 학문과 학술 제도 전반을 논한 강의록 《백학연환百学連環》(1870)에 처음 나옵니다.

니시 아마네는 도쿠가와 막부의 마지막 쇼군이었던 도쿠가와 요시노부의 정치 고문이기도 했는데 서양식 정치 제도의 일본 수용 가능성을 모색해보라는 지시를 막부로부터 받았습니다. 그래서 정치 혁신 논의의 초안을 작성해서 1867년에 제출하는데 이때 올린 보고서의 제목이 〈議題草案 의제초안〉이었습니다. 議題가 '회의에 제출될 문제'라는 뜻으로 일본어에서 쓰인 것은 이때가 처음이었습니다.

니시 아마네는 서양의 삼권분립제를 기본틀로 삼아 행정권은 막부의 실권자 쇼군이 쥐고 사법권은 편의상 각 번이 쥐고 입법권은 각 번의 수장 다이묘와 그 밑의 번사들로 구성된 의정원이 쥐며 천황은 상징적 지위에 두는 정치 혁신 방안을 제시했습니다. 하지만 그 해 왕정복고가 이루어져 천황 중심의 메이지 신정부가 들어서면서 아마네의 〈議題草案〉은 무산되었습니다.

그래도 그가 지어낸 말 議題는 살아남았습니다. 議題는 일본 〈아사히신문〉 1886년 4월 13일호에 '어제 오늘 이틀 해당

경찰 본서 안에서 열리는 지방위생회의 議題는'이라는 기사에서 벌써 회의 주제라는 뜻으로 쓰이기 시작했습니다. 1889년의 일본 의원법은 '20인 이상의 찬성이 없으면 議題가 못된다'고 못박아 일본어 議題는 영어 agenda와 거의 동일한 뜻으로 쓰였습니다.

지금의 영어 agenda는 일본어 議題보다 뜻둘레 곧 외연이 넓긴 합니다. 말이 쓰인 역사가 훨씬 오래되었으니까요. 현대 영어에서 agenda는 초등학생이 들고 다니는 '알림장'이라는 뜻도 있고 겉으로 드러나지 않은 '저의, 꿍꿍이, 속셈'이라는 뜻도 얻었습니다. They definitely have a hidden agenda 같은 영문은 '필시 저의가 있는 사람들이다' 정도로 옮길 수 있겠지요. 하지만 전혀 다른 문맥에서 쓰는 '알림장'이라는 뜻일 때 말고는 agenda의 거의 모든 뜻을 議題로 담아낼 수 있습니다. 앞의 영문을 '필시 숨은 의제가 있는 사람들이다'로 옮겨도 좀 딱딱할 뿐이지 원뜻에서 크게 벗어나지는 않거든요. 일본어 議題와 영어 agenda의 뜻둘레가 엇비슷한 것은 애당초 일본어 議題가 영어 agenda와 그에 준하는 개념을 담아내려고 지어낸 말이라서 그렇습니다. '의제'가 일본어 議題를 거쳐 영어 agenda 개념의 번역어로 생겨난 말이니 agenda의 뜻둘레가 넓어지는 데에 맞추어 '의제'의 뜻둘레를 넓혀가는 쪽이 차라리 더 수월하지 않을까요.

혁명을 뜻하는 일본어 革命과 영어 revolution의 뜻둘레가 엇비슷한 것도 革命을 revolution의 풀이어로 지어낸 말이라서 그렇습니다. 시민을 뜻하는 일본어 市民과 영어 citizen의 뜻둘레가 엇비슷한 것도 일본어 市民이 영어 citizen의 뜻을 담아내려고 지어낸 말이라서 그렇습니다. 영어 citizen에는 '도시민'이라는 뜻도 있고 '국가 성원'이라는 뜻도 있지만 일본어 市民도 그렇습니다. 심지어 a citizen of the world를 世界市民(세계시민)이라 옮겨도 아무 문제가 없습니다. 일본에서 19세기 후반에 서양 문물을 담아내려고 지어낸 한자어 議題, 革命, 市民을 한글로 옮겨적은 '의제' '혁명' '시민'도 일본어 議題, 革命, 市民과 뜻둘레가 거의 같습니다. 따라서 한국어 '의제'도 영어 agenda의 뜻을 온전히 담아낼 수 있습니다.

19세기 후반 일본에서 議題, 革命, 市民 같은 신어가 쏟아져나왔을 때 일본 사람들은 새로운 단어를 제대로 읽지 못할때가 많았습니다. 일본 소설가 시바 료타로가 쓴《언덕 위의 구름》은 일본이 부국강병을 추구하면서 서양 문물을 빠르게 받아들이던 메이지 시대(1868~1912)를 살아갔던 일본 젊은 이들의 이야기인데 여기서 등장인물이 야구라는 운동을 소개하면서 칠판에 한자로 野球라고 쓰자 친구가 '노다마'라고 읽는 장면이 나옵니다. 지금은 野球를 음독해서 일본어로

'야큐'라고 읽지만 이 말이 처음 나왔을 때만 하더라도 생소한 한자어를 그냥 훈독해서 뜻으로 읽어버린 사람이 있었나보지요. 그러다보니 메이지 시대에 낯선 한자어의 발음과 뜻을 가르쳐주는 신어사전이 일본에서 수백 종 간행되었습니다.

하지만 일본 독자는 낯선 한자어에 금세 적응했습니다. 일본인은 한자에 익숙해 있었으니까요. 議題의 議가 의논한다는 뜻이고 題가 주제라는 뜻임을 이미 아는 사람이 議題를 회의 주제라는 뜻으로 받아들이기는 어렵지 않았습니다. 일본인은 백지 상태에서 출발한 것이 아니라 뛰어난 조어력과 압축력을 지닌 한자에서 출발했기에 서양 문물을 빠르게 받아들이는 데 성공했습니다. 일본인이 이미 알았던 한자는 일본인에게 서양 문물을 번역한 일본어 글의 문턱을 낮춰주었습니다.

낯선 한자어 議題가 일본어에 들어오면서 19세기 후반 일본에서 신어사전이 쏟아져나온 것처럼 영국에서도 17세기 이후 agenda 같은 낯선 라틴어가 영어에 대거 들어오면서 신어사전이 쏟아져나왔습니다. 한자 교육을 받은 일본인이 많았던 것처럼 라틴어 교육을 받은 영국인도 많았습니다. 가령 agenda는 '수행하다'는 뜻을 지닌 라틴어 동사 ago의 분사형 중 하나였습니다. 수행하다를 뜻하는 영어 perform에는 능동의 뜻을 지닌 performing(수행하는)과 수동의 뜻을 지닌 performed(수행되는) 두 가지 분사만 있습니다. 하지만 라틴 어에는 분사가 넷 있습니다. 현재 능동분사(수행하는), 미래 능동분사(수행할), 과거 수동분사(수행된), 미래 수동분사(수 행될)입니다. 영어에서 '수행될 것들'을 나타내려면 things to be performed라고 해야 합니다. 하지만 라틴어에서는 분사 를 명사처럼 쓸 수 있고 단수, 복수, 남성, 여성, 중성까지 구 별해서 나타낼 수 있으므로 '수행될 것들'을 미래 수동분사 agenda 하나로 담아낼 수 있습니다. 라틴어를 조금이라도 아는 영국인에게 agenda는 요긴한 표현이었습니다. 이탈리 아의 선진 문물을 받아들이기에 고심하던 16세기와 17세기 의 영국인도 백지 상태에서 출발하지 않았던 것입니다. 영국 인이 익숙했던 라틴어는 영어가 도약하는 데 디딤돌이 되어 주었습니다.

니시 아마네가 네덜란드로 유학을 떠난 것도 당시 일본 현 실에서는 합리적 선택이었습니다. 19세기 중반 일본에는 네 덜란드어를 할 줄 아는 사람이 꽤 있었습니다. 일본은 16세 기 중반부터 포르투갈과 통상을 하다가 기독교 교인이 급증 하자 두려움을 느끼고 17세기부터 쇄국 체제로 돌아섰습니 다. 그리고 일본에서 선교 활동을 하지 않겠다며 막부를 안 심시킨 네덜란드하고만 통상을 이어갔습니다. 경제 교류를 하려면 자연히 네덜란드어를 하는 통역관을 길러야 했습니다. 네덜란드어를 할 줄 아는 일본인이 늘어나면서 실용 네덜란드어 회화의 차원을 넘어 네덜란드어로 적힌 책을 읽고 유럽의 의학, 과학, 약학 등 실용 과학을 연구하는 학문이 발전했습니다. 이런 공부를 난학이라고 했고 이런 공부를 하는 사람을 난학자라고 했습니다. 니시 아마네도 원래는 난학도였습니다. 니시 아마네와 비슷한 시기에 활동한 일본의 계몽 사상가 후쿠자와 유키치가 처음에 배운 언어도 영어가 아니라 네덜란드어였습니다. 1853년 개항을 요구하며 일본에 온 페리 함대와 일본 관원의 의사 소통도 영어가 아니라 네덜란드어로 이루어졌습니다. 니시 아마네가 2년 남짓 되는 짧은 유학 기간에 서양 학문의 기본틀을 빠르게 흡수할 수 있었던 것도 이미 할 줄 알았던 네덜란드어로 공부를 시작해서였습니다. 영국으로 유학을 가서 영어를 새로 익히면서 공부했더라면 2년 동안 서양 학문은커녕 영어 하나 제대로 못 익히고 귀국했을지 모릅니다. 자기에게 이미 익숙한 것에서 시작하는 것이 이렇게 중요합니다.

한국어에서 의제는 영어 agenda의 대응어로 사전에서도 현실에서도 자리잡았습니다. 한국어 의제는 영어 agenda의 뜻을 온전히 담아냅니다. 한국어에서 의제가 금세 자리잡을 수 있었던 것도 한글로 적을지언정 '의'가 논의한다는 뜻이고 '제'가 주제라는 뜻임을 한국인이 이미 오래전에 한국어에 들어온 한자를 통해 익숙했던 덕분이었습니다.

의제 설정의 '설정'이 한국어에서 빠르게 자리잡은 이유도 같습니다. 설정의 한자어 設定도 일본에서 19세기 후반에 만들어졌습니다. 원래 한문에서는 동사를 외자로 쓸 때가 많았습니다. '設定하다'가 아니라 '定하다'로 충분했습니다. 지금도 의제를 설정한다고 하지 않고 의제를 정한다고 해도 자연스럽지 않습니까. 그런데 19세기 후반 일본에서는 동사도 외자가 아니라 쌍자로 새로 많이 만들었습니다. 외자 동사를 그대로 쓰면 낡은 느낌이 든다고 생각했나봅니다.

그런데 두자 동사는 분명히 쓰임새가 있습니다. 말의 결합력이 커집니다. '정하다'만 있고 '정하다'가 목적어 '의제'를 거느리면서 명사로 쓰일 경우 '의제 정하기'가 됩니다. 더 줄이겠다고 '의제 정'으로 압축할 수는 없습니다. 하지만 '설정하다'가 있으면 '의제 설정하기'를 '의제 설정'으로 압축할 수 있습니다. 여기다 '능력'을 뜻하는 '력'까지 덧붙이면 '의제 설정력'이 됩니다. 마치 한 단어처럼 받아들이면 '의제설정력'이라고 아예 붙여써도 무방합니다. 하지만 '정하다'로 처리할 수밖에 없으면 '의제 정하기력'은 불가능하고 '의제 정하기 능력'이나 '의제 정하는 능력'처럼 말이 늘어질 수밖에 없습니다. 늘어지는 말은 쓰임새가 줄어듭니다.

이렇게 '의제'와 '설정' 모두 일본어라는 징검다리를 거쳤을지언정 동아시아에서 오래도록 공유해온 한자 덕분에 '의제설정'이라는 모습으로 영어 agenda setting을 풀이하는 말로 한국어에 안착했습니다. 그런데 agenda - setting을 '의제설정'이라 옮기지 않고 '아젠다세팅'이라 옮기면서 도로 백지에서 시작하려는 이유가 뭘까요. 외국어 지식을 드러내려는 허세 말고 달리 이유가 있을까요.

영어 healing의 차음어 '힐링' 덕분에 한때 한국어에서 아예 사라질 지경에 이른 적이 있었던 '치유'만 하더라도 그렇습니다. 병이 낫는다는 뜻의 문어로 조선 시대에 외자로는 瘳(나을 추)나 愈(나을 유)를 많이 썼고 쌍자로는 平復(평복)이나 差愈(차유)를 많이 썼습니다. 치유는 일본어 治癒에서 왔고 일본어 治癒 역시 19세기 후반 일본에서 만들어졌습니다. 일본어 治癒도 한국어 치유도 어차피 서양어를 허름해 보였던 전통어가 아니라 말쑥해 보일 근대어로 산뜻하게 담아내려는 마음에서 나온 말이므로 영어 heal의 뜻을 온전히 담아낼 수 있습니다. 그런데 '힐링'도 '치유'도 똑같이 healing을 가리키는데 왜 군이 '힐링'이라고 다시 밑바닥부터 시작하려 했던 것일까요. 혹시 밑바닥부터 시작하려는 게 아니라 똑같은 말을 조금이라도 비싸게 팔아먹으려는 속셈으로 그랬던 게 아닐까요. 자신이 하는 일을 '심리치유'가 아니라 '트라우

마힐링'이라고 포장해야 돈을 더 받을 수 있으리라는 계산에서 그랬던 게 아닐까요. '트라우마'도 그냥 '상처'라고 하면 됩니다. 영어 trauma는 그리스어의 차음어인데 그리스어 τραυμα가 바로 '상처'란 뜻입니다. 한국어 '트라우마'에 한국어 '상처'로 담아내지 못할 남다르고 심오한 뜻이 박혀 있는 게 아닙니다.

*

작가 박경리는 대작《토지》를 쓰는 동안 서민의 생각과 말은 워낙 가식이 없어 어렵지 않게 술술 써내려갔다고 합니다. 처절하게 사는 밑바닥 사람은 수식이 불필요했답니다. 싱싱한 삶의 소리가 바로바로 튀어나왔답니다. 그런데 지식인은 쓸데없는 관념이 많아 작가도 따라가기가 버거웠다고 합니다. 불쾌한 생각마저 들었다고 합니다. 생각과 말은 워낙 배배 꼬였고 별것 아닌데도 심오한 내용인 척 포장하는 데 집착하니까요. 요즘 사람들의 말은 잔가지만 늘어나 본질을 오히려 가린다고 작가는 꼬집었습니다.

가령 얼마 전부터 레거시미디어라는 말을 자주 접합니다. 영어 legacy media의 차음어지요. 영어 legacy는 '유산'이라는 뜻이고 media는 물론 '매체'나 '언론'을 뜻합니다. legacy media는 1990년대에 등장한 말인데 처음에는 디스켓 같은 새로운 매체와 대비해 종이 같은 기존의 매체를 일컫는 말로 썼습니다. 그러다가 특히 2010년대에 들어와서는 기성 언론을 가리키는 말로 쓰이기 시작했습니다.

기성 언론을 기존 언론이라고 해도 좋고 전통 언론이라고 해도 좋고 주류 언론이라고 해도 좋습니다. 지칭 대상은 엇비슷합니다. 그런데 왜 뜬금없이 legacy media라는 말을 새로 퍼뜨릴까요. 사회 여론을 있는 그대로 반영하지 않고 사익에 집착하는 세력에게 유리한 의제 설정에 갈수록 치중하는 기존 언론에 대한 불신이 워낙 심해지니까 일종의 물타기로 들고나온 말이 바로 legacy media가 아닐까요. 사전을 찾으면 legacy에는 '유산'이라는 풀이밖에 없습니다. 그렇다고 legacy media를 '유산 언론'으로 풀이할 수 없으니 '레거시미디어'로 옮기는 심정은 이해합니다. 하지만 말을 쓸데없이 복잡하게 만드는 데는 이유가 있음을 번역자도 알아야 합니다. legacy media가 가리키는 대상은 '기성 언론'이 가리키는 대상과 똑같습니다. 쓸데없이 말의 문턱을 높여 본질을 숨기거나 꾸미려는 이들에게 번역자가 동조해서는 안 됩니다.

'힐링'처럼 한때 '똘레랑스'라는 말이 유행했습니다. 프랑스어 tolérance의 뜻을 한국어 '관용'이나 '아량'이 온전히 담아내지 못해서라고 했지요. 관용이나 아량은 '남의 잘못이나 나와 생각이 다른 상대를 너그러이 받아들이거나 용서한다'는 뜻인데 똘레랑스는 내가 우월한 자리에서 상대에게 선의를 베푸는 것이 아니라 '나와 생각이 다른 상대를 있는 그대로 인정하고 존중한다'는 뜻이므로 관용이나 아량으로는 똘레랑스의 뜻을 담아내지 못한다는 겁니다.

정말 그럴까요. '아량'은 그런 면이 있어 보이지만 과연 '관용'이 '똘레랑스'와 그렇게 거리가 있는 말일까요. 프랑스어 어원사전에서 tolérance를 찾으면 '찬성하지 않거나 금지된 것이라도 막거나 금하지 않고 너그럽게 허용하고 인정하는 행동'이라는 뜻으로 1365년경에 이 말이 처음 기록됩니다.[11] 그러다가 1567년에 '자기하고 다른 남의 존재 방식, 사고 방식, 행동 방식을 인정하려는 자세'라는 뜻이 보태집니다. 그리고 그 연장선상에서 볼테르가 1763년 《관용론 Traité sur la tolérance》에서 썼다는 '정치와 철학의 견해에서 남의 자유를 존중하는 것'을 발전된 뜻으로 덧붙이고 루소가 1764년에 썼다는 '관용의 정신 esprit de tolérance'도 예문으로 듭니다. 1567년에 프랑스어 tolérance가 드러낸 뜻은 바로 우월한 지위가 아니라 동등한 지위에서 나와 다른 남의 존재를 인정하는 자세인데 한국어 '관용'으로 일단 옮겼어도 큰 문제는 없어 보입니다.

이번에는 한국어 '관용'의 원산지인 일본어 寬容에 tolérance의 근대적 의미가 있는지 한번 알아볼까요. 전통 한문에서 너그럽다는 뜻으로 寬容을 쓴 용례는 있습니다. 《조선왕조실록》을 보면 爲我國寬容之意則美矣(우리나라가 너그러움과 아량을 보인다는 뜻에서는 좋은 일이나)처럼 용례가 있고 《일본국어대사전》을 보아도 官司寬容无心紀正(관리가 너그러워 잘못을 바로잡을 마음이 없다) 같은 용례가 818년에 나옵니다. 중국에도 사마천의 《사기》에 始懷王遣我 固以能寬容(당초 회왕이 나를 보낸 뜻은 너그러움과 아량을 베풀 수 있으리라는 믿음이 분명히 있어서였거늘)이라는 용례가 있었던 것으로 《일본국어대사전》이 밝힙니다. 하지만 전통 한문에서는 너그럽게 여긴다는 뜻을 대개 寬이나 容 같은 외자로 나타냈습니다. 《일본국어대사전》에 따르면 寬容의 근대적 용례는 1872년에 나온 《신찬자해新撰字解》에서 볼 수 있습니다. 《신찬자해》는 정부의 포고문, 관보, 신문에 나오는 말 중 보통 사람이 뜻을 짐작하기 어렵겠다 싶은 말을 모아서 엮은 신어사전이었습니다. 《신찬자해》는 寬容의 발음을 '콴야우'로 달아주었을 뿐 아니라 '너그러이 받아들이다'라고 뜻풀이까지 실어주었습니다. 발음은 물론 뜻까지 밝혀주었다는 것은 寬容이 당시 일본인에게 익숙한 단어가 아니었음을 뜻합니다.

메이지 시대에 이 말은 '자유관용의 정신'이라든가 '공평관용의 정신'처럼 tolérance만이 지니고 있다던 근대적 의미로 쓰였습니다. 그리고 20세기에 들어오면 독자성을 얻기에 이릅니다. 가령 寬容은 1923년 5월 18일자 〈요미우리신문〉에서 대학교 군사 훈련에 반발한 와세다대학 재학생들을 처벌한 대학 당국을 '사상상의 관용이 결여되었다'고 비판하는 사설의 제목 안에 등장합니다. 사설 내용을 보면 이렇습니다. "우리는 와세다대학 당국자가 군사연구단에 찬성한 것은 꼭 군벌과 손잡은 것이라고 단정하지도 않겠지만 반대하는 학생도 특별히 공산주의 선전을 하고 있다고 생각하지도 않는다. 요컨대 현대의 사상계는 보수 급진 두 진영 모두 관용의 정신이 너무 부족하다." 1차대전 이후 남아도는 장교와 무기를 활용하고 당시 대학가를 휩쓸던 사회주의 사상도 누를 겸 일본 군부는 대학에 군사 교육을 도입했는데 다이쇼데모크라시(1911~1925)의 자유로운 분위기에 젖어 있던 일본 대학생들이 반발한 것이 사건의 시대적 배경입니다. 한쪽이 일방적으로 베푸는 시혜가 아니라 상호 이해와 인정을 요구했다는 점에서 신문 사설에 등장한 寬容은 이른바 '똘레랑스'의 다른 이름이 아니었을까요.

〈요미우리신문〉은 지금은 일본에서도 알아주는 보수지가 되었지만 1949년 10월 중국에 공산 체제가 들어서고 그 해 1월 일본 총선에서 공산당이 35석을 얻어 약진하면서 불안감

"민주주의는 관용의 다른 이름이다"(1950년 6월 6일 〈요미우리신문〉 1면 사설 제목)

을 느낀 미 군정이 언론, 교육, 국가기관, 민간기업을 망라해서 일본의 진보 인사를 대거 탄압하자 1950년 6월 6일 사설 제목을 아예 '민주주의는 관용의 다른 이름이다'로 뽑았습니다. 이렇게 일본어 寬容은 태생부터 서양의 근대적 개념을 담아내려고 쓴 말이었기에 당연히 tolérance의 근대적 의미를 현실적으로 담아낸 말이었고 지금도 그렇습니다.

일본어 寬容과 대체로 쓰임새를 같이해온 한국어 '관용'도 당연히 그렇습니다. 작가 박경리는 어릴 때부터 엄청나게 책을 많이 읽었다고 합니다. 박경리가 읽은 책은 일본어 책이었습니다. 1945년 해방이 되었을 때 박경리는 한글을 읽지 못했다고 합니다. 한글은 못 읽었어도 한국어에는 능통했을 테니 금세 한글을 익혀서 《토지》라는 대작을 완성하여 불세출의 대작가가 되었지요. 만약 박경리가 작품에서 '관용'이라는 말을 썼다면 그 말은 일본어 책에서 익힌 寬容의 뜻과 크게 다르지 않았을 겁니다. 따라서 한국어 '똘레랑스'는 현실을 쓸데없이 어지럽히는 허세의 말이었습니다.

프랑스어 mise-en-scéne에서 온 '미장센'이라는 말도 영화 평론에서 곧잘 튀어나오는 말입니다. 무언의 메시지랄까 분위기가 전달되도록 감독이 색이라든가 빛이라든가 소도구 배치로 원하는 장면을 치밀하게 꾸미는 것이 미장센이랍니다. 영화평론가들이 이 말을 얼마나 많이 썼는지 《표준국어대사전》에도 미장센이 올라가 있고 '무대 위에서의 등장인물의 배치나 역할, 무대 장치, 조명 따위에 관한 총체적인 계획'이라고 풀이해놓았습니다. 그런데 '연출'이라는 한국어가 담아내지 못할 색다른 뜻이 과연 이 풀이에 들어 있을까요. 미장센은 그냥 연출이라고 해도 무방한 허세어입니다. 감독이나 연출가의 화면구성 솜씨를 강조해서 말하고 싶으면 괜히 어려운 말 쓰지 말고 그냥 '화면연출'이라고 하면 됩니다.

과학이 발전하고 지식이 늘어나면서 말도 자연히 늘어납니다. 가령 10억분의 1미터를 뜻하는 nano에다 굳이 새 한국어 이름을 지어주기보다는 그냥 '나노'라고 원래 이름을 불러주는 것이 더 낫습니다. 하지만 이미 있는 말로 얼마든지 나타낼 수 있는데 굳이 차음어를 쓰는 것은 전문가 행세를 하려는 허세와 무관하지 않습니다. 요즘 쓰는 '콜라보' 말고 전부터 써온 '공동작업'으로 담아내지 못할 깊은 뜻은 프랑스어 collaboration에도 없고 영어 collaboration에도 없습니다. '워딩' 말고 '표현'이나 '문구'가 담아내지 못할 특별한 뜻은 영어 wording에 없습니다. '백래시' 말고 '반발'이나 '역풍'이 못 담아낼 특별한 뜻은 영어 backlash에 없습니다.

마케팅에서는 사람이 살아가는 데 꼭 필요한 것은 needs이고 없어도 안 죽지만 사람이 갖고 싶어하는 것은 wants라고 정의하면서 이 둘을 각각 '니즈'와 '원츠'라고 부릅니다만 이미 있는 '요구'와 '욕구'라는 말을 살리고 넓혀서 needs와 wants의 뜻을 얼마든지 담아낼 수 있습니다. '니즈'와 '원츠'는 세상을 정확히 나타내려는 사람의 '요구'를 충족시키는 말이 아니라 세상을 그럴 듯하게 포장하려는 사람의 '욕구'를 만족시키는 허세의 말입니다.

*

허세는 외국어와 한국어 사이에서만 작동하는 것이 아닙니다. 한국어 안에도 허세어가 많습니다. '있어서'가 대표적 허세어입니다. '이순신 장군은 한국 해전사에 있어서 불멸의 공적을 남겼다'라든가 '노자에게 있어서 도란 무엇인가' 같은 말을 주변에서 흔히 듣습니다. '있어서'가 어깨에 힘이 들어간 허세어임은 이 말을 고스란히 뺐을 때 문장이 한결 담백하고 또렷해진다는 데서 알 수 있습니다.

　　이순신 장군은 한국 해전사에 불멸의 공적을 남겼다
　　노자에게 도란 무엇인가

　'있어서'는 일본어 おいて의 번역어입니다. おいて는 원래 일본어에 없던 말이었습니다. 한국에서는 한문을 뜻으로 안 읽고 음으로 읽었지만 일본에서는 오래전부터 한문을 뜻으로 읽었습니다. 이것을 훈독이라고 합니다. 훈독은 글의 문턱을 낮춰주는 장점이 있었지만 원문의 흔적을 남기려는 강박관념이 지나치면 부자연스러운 풀이를 낳을 때도 많았습니다. 일본어 おいて가 바로 그랬습니다. おいて는 한자 於를 훈독할 때 썼습니다. 한자 於는 '에' '에서' '에게' '보다' 같은 뜻이 있습니다. 그런데 일본인은 이 於가 나왔다 하면 기계적으로 おいて로 읽어주었습니다. 가령 이런 식으로요.

　　1. 敏於事而愼於言
　　2. 일에 있어서 빠르고 말에 있어서 무겁다

3. 不義而富且貴 於我如浮雲

4. 떳떳지 못한 부귀영화가 내게 있어서는 뜬구름과 같다

원문 1은 '일에서 빠르고 말에서 무겁다'도 좋겠지만 '일은 빠르고 말은 무겁다'고 하면 번역 2보다 명료합니다. 번역 4는 '떳떳지 못한 부귀영화가 내게는 뜬구름과 같다'고 하면 좋겠지요. '있어서'는 원문에서는 이렇다 할 뜻이 없는 허사일 뿐인데 문장의 주인공 노릇을 하려고 든다는 점에서 그 말을 쓰는 사람의 허세와 무관하게 그 말 자체가 허세이므로 솎아내야 합니다.

'있어서'는 일본의 차별 정책을 성토하는 신문에서도 쓰였습니다. 〈조선일보〉 1920년 6월 4일자에는 "조선안에잇서셔 엇지일본사람만우편소장으로!"라는 기사 제목이 나옵니다. 그 뒤 1920년대 중반에 들어서도 "자본에 있어서도 일인보다 퍽 적다" "일본에 있어서도 처음 있는 일" "조선에 있어서 유해무익한 동양척식회사" "배우는 데 있어서는 눈이 나으냐? 귀가 나으냐?" 같은 용례가 나옵니다.

일본어 おいて는 지금도 일본어에서 건재합니다. 엄격하고 비장한 느낌을 주려면 '대회의실에서 긴급회의를 하고 있습니다'보다 '대회의실에 있어서 긴급회의를 하고 있습니다'가 낫다고 친절하게 용례를 설명합니다.[12] '1월 1일에 있어

서 신제품 발표가 있습니다'가 '1월 1일에 신제품 발표가 있습니다'보다 더 무게감이 느껴진다고 합니다. 하지만 불필요하게 복잡한 말은 좋은 말이 아닙니다. 외적의 침략을 막아낸 이순신 장군의 위업을 외적의 불필요한 말에 기대어 찬양하는 후손이 되지 않으려면 말을 담백하게 써야 하지 않을까요. 말과 글의 힘은 허세와 권위에서 나오지 않습니다. 허세어와 권위어를 말과 글에서 솎아내야 합니다. 어깨에 힘이 들어간 표현과 힘을 뺀 표현을 소개합니다.

이러한 → 이런

전적으로 → 모두

전에도 말했듯이 → 전에도 말했지만

돕고자 했으나 → 도우려고 했지만

붕괴한 이후 → 붕괴한 뒤

그럼에도 불구하고 → 그런데도

이러한 공식 토론과는 별개로 → 이런 공식 토론 말고도

이는 큰 문제가 아니라고 생각했다 → 이것은 큰 문제가 아니라고 생각했다

모두 성차별로 인한 것은 아니겠지만 → 모두 성차별 탓은 아니겠지만

기업 입장에서는 → 기업은

한국 여성의 경우는 → 한국 여성은

위에서 서술한 것과 같이 → 앞에서 쓴 대로

상기한 바와 같이 → 위와 같이

말하기 위해서다 → 말하고 싶어서다

그럴 조짐이 보였기 때문만은 아니다 → 그럴 조짐이 보여서만은 아니다

기본 요소인 것이다 → 기본 요소다

과거에 비해 → 전보다

간주된다 → 여겨진다

당시에는 → 그때는

과로로 인해 → 과로로

시간이 경과함에 따라 → 시간이 흐르면서

내용상 변화가 생길 것이다 → 내용이 달라질 것이다

영국 최초로 → 영국에서 처음

앞에서 언급한 → 앞에서 말한

사회적 혼란에 대해 논의했다 → 사회적 혼란을 논의했다

국내 문제에 대해서는 기존의 권한을 유지한다 → 국내 문제에서는 기존의 권한을 유지한다

내용상 변화가 생길 것이다 → 내용이 달라질 것이다

역임한 바 있는 → 지낸

도달하는 경우가 → 도달할 때가

내 경우에도 → 나만 해도

해야 한다고 주장함으로써 글을 맺었다 → 해야 한다고 주장하면서 글을 맺었다

자녀가 출생하면 → 아이가 태어나면

사회적인 퇴직 압박을 받아서 → 그만두라는 압력을 사회에서 받아서

상당수의 대기업 → 꽤 많은 대기업

여성 임원이 전무한 상태다 → 여성 임원이 하나도 없다

아나운서가 되기 위해서는 → 아나운서가 되려면

스위스에 비해 수치가 낮다 → 스위스보다 수치가 낮다

만약 그렇지 못하다면 → 안 그러면

즉각적으로 변하기를 기대하지 않았다 → 바로 달라지리라 기대하지 않았다

낙관적 전망에 따르면 → 낙관적 전망으로는

본질적으로는 아니더라도 형식상으로는 → 본질은 아니더라도 형식은, 본질에서는 아니더라도 형식에서는

누구도 법원의 특징상 즉각적인 변화를 기대하지는 않는다 → 누구도 법원의 색깔이 당장 바뀌리라 보지는 않는다

근거가 될 수 없다는 점을 역설했다 → 근거가 못 됨을 역설했다

정조는 조부의 글을 편찬함으로써 조부와의 결속력을 보여

주고자 했다 → 정조는 조부의 글을 편찬하여 조부와의 결속력을 보여주려고 했다

정조는 다음과 같은 식으로 노비제를 없애고자 했다 → 정조는 이렇게 노비제를 없애려고 했다

사노비에 대해서는 노비제와 관련된 규정과 법률을 일소하고 새로운 고용법으로 대체할 작정이었다 → 사노비는 노비제 관련 규정과 법률을 없애고 새로운 고용법으로 풀어갈 생각이었다

신유사옥은 천주교도에 대한 강력한 탄압을 위해 시작했지만 → 신유사옥은 천주교도를 강력히 탄압하려고 시작했지만

*

고대 이집트, 수메르, 이스라엘에서 글은 율령이나 율법을 적는 데 주로 썼습니다. 그래서 글을 적는 서자의 지위는 아주 높았습니다. 서자를 영어로 scribe라고 하는데 scribe를 구약에서는 '율법학자'로 옮깁니다. 서자가 쓰는 글은 아주 권위적이었습니다. 그런데 고대 그리스에서는 글을 적는 서자의 지위가 아주 낮았습니다. 서자는 주로 노예의 몫이었습니다. 글을 적는 서자의 지위가 고대 그리스에서는 왜 이렇게 낮았을까요.

그것은 고대 그리스인이 글자를 하찮게 여겨서였습니다. 고대 그리스인이 글자를 하찮게 여긴 까닭은 글자는 사람의 생각이나 말을 에누리 없이 담아내는 도구일 뿐이라고 생각해서였습니다. 이집트 글자, 수메르 글자, 히브리 글자의 공통점은 자음 중심이라서 모음을 잘 담아내지 못했다는 데 있었습니다. 그래서 모음이 없는 자리는 문맥에 맞게 채워넣어야 했습니다. 이렇게 모음이 미분화된 글자로 적힌 글은 아주 새롭고 개인적이고 독창적인 생각을 담아내기가 불가능했습니다. 이런 글에서는 해석이 해독에 선행했습니다. 무슨 내용인지 이미 뻔히 아는 글만 생산되었습니다.

반면 고대 그리스인이 창안한 알파벳은 모음을 완벽하게 담아냈습니다. 사람이 낼 수 있는 소리를 얼마든지 나타낼 수 있었습니다. 그래서 자연히 새롭고 개인적이고 독창적인 생각을 마음대로 적어낼 수 있었습니다. 중요한 것은 글에 담긴 생각이었지 글자 자체가 아니었습니다. 고대 이집트, 수메르, 이스라엘에서는 글에 담긴 생각이 뻔했는데도 사제 집단이 글의 해석을 독점하면서 군림했지만 고대 그리스에서는 글의 문턱을 낮추어 누구나 자기 생각을 글로 나타내는 것을 장려했기에 다양한 작자가 나올 수 있었습니다.

화려한 고대 그리스 문명을 낳은 것은 어떤 소리도 담아낼 수 있었던 그리스 알파벳의 독보성이었다고 고전학자 콜린

웰스는 단언합니다.[13]

그러면서 그리스 알파벳을 넘어서는 유일한 글자가 한글이었다고 말합니다. 그리스 알파벳이 언어의 원자론이라면 혀, 이빨, 입천장의 해부학적 구조까지 따지며 체계화하면서 자음과 모음을 원자보다 더 단순한 요소로 추상화하여 표현한 한글은 언어의 양자론이라고 격찬합니다. 그런데 그리스에서는 왜 화려한 문명이 꽃피었고 조선에서는 그러지 못했을까요. 조선을 지배한 엘리트 집단이 한문을 신비롭게 포장하여 숭상하면서 한글을 억눌러서였습니다. 세종대왕이 글의 문턱을 낮추려고 만든 한글을 짓밟아 글의 문턱을 높여서였습니다.

조선의 다수 문필가는 글을 포용의 수단이 아니라 배제의 수단으로 삼았습니다. 아젠다, 미장센, 똘레랑스 같은 말을 마구 뿌려대는 지금의 한국 문필가도 글을 포용의 수단이 아니라 배제의 수단으로 삼는다는 점에서 조선의 한문 숭상주의자와 크게 다르지 않습니다. 아젠다는 의제이고 미장센은 연출이고 똘레랑스는 관용일 뿐입니다. 조선에서도 한국에서도 허세는 허세일 뿐입니다.

7장

살리기

영어에는 한국어에 없는 시제가 있습니다. 바로 완료 시제입니다.

1. He ate the bread.
2. He has eaten the bread.

문장 1이 과거 시제이고 문장 2가 완료 시제입니다. 정확하게는 현재완료 시제입니다. 과거 시제는 과거의 어느 때에 일어난 일을 말합니다. 과거 시제가 나타내는 시간은 점입니다. 반면 완료 시제가 나타내는 시간은 선입니다. 과거의 어느 때에 빵을 먹은 일도 말하지만 그래서 지금은 빵이 없다는 사실도 알려줍니다. 과거에 한 행동뿐 아니라 그 행동이 현재에 미친 결과까지도 알려줍니다. 과거라는 점이 아니라 과거부터 현재까지 죽 이어진 시간의 선에 대해서 말합니다. 그래서 현재완료입니다. 한국어 '-버리다'로 이런 현재완료 영문을 잘 옮길 수 있습니다. '빵은 그가 먹어버렸다'고 말이지요. 그래서 지금은 빵이 없어졌다는 현재의 결과를 말합니다.

현재완료는 결과뿐 아니라 경험을 말할 때도 씁니다.

I have met her three times.
1. 그 여자를 세 번 만난 적이 있다.
2. 그 여자를 지금까지 세 번 만났다.

보통은 번역 1처럼 옮기지만 번역 2처럼 시간의 줄기를 나타내는 '지금까지'를 쓰면 현재완료 시제를 더 참신하고 안정되게 옮길 수 있습니다. 그러다보면 '살아오면서' '내 평생' '살다 살다' 같은 자연스러운 표현으로 이어가는 길이 열립니다.

I know for sure that I've never seen anyone more wicked than this old hag.
1. 정말이지 이렇게 성질이 더러운 노파는 본 적이 없다.

2. 이렇게 성질이 더러운 노파는 살다 살다 처음 본다.

현재완료는 지금까지 계속되는 상황을 나타내기도 하는데 보통은 '-해왔다'고 옮기지요. 일본어 -てきた를 그대로 읽어준 말인데 조금 식상한 느낌이 들면 '째'를 써줄 만합니다.

I have worked here for five years.

1. 여기서 오 년 동안 일해왔다.

2. 여기서 오 년째 일한다.

과거완료 시제도 있습니다. 기준이 현재가 아니라 과거일 뿐 점이 아니라 선의 시간을 말하는 것은 같습니다.

Hitler **had expected** the pressure on the Poles to work as easily as it had done in the case of the Czechs and the Slovaks.

1. 히틀러는 체코와 슬로바키아에게 먹혔던 압박술이 폴란드에게도 가볍게 먹힐 것이라고 내다보았었다.

2. 당초 히틀러는 체코와 슬로바키아에게 먹혔던 압박술이 폴란드에게도 가볍게 먹힐 것이라고 내다보았다.

과거완료는 과거보다 더 앞에 있었던 일을 말하니 번역 1 처럼 '었'을 끼워넣기도 하지만 번역 2의 '당초'처럼 적당한 시간의 부사어를 써주는 것도 방법입니다. 때로는 '어느새' 같은 부사를 넣어주면 좋을 때도 있습니다. 이렇게 말이지요.

These writers suffered from "nostalgia for tradition." A year later, John Dewey attacked the "idealizing nostalgia" of those who wished to return to the classical curriculum. Nostalgia **had attained** the status of a political offense of the first order.

이 평론가들은 "전통을 그리워하는 향수"병을 앓았다. 일 년 뒤 존 듀이는 고전 커리큘럼으로 돌아가고 싶어하는 "이상 화의 향수"를 공격했다. 향수는 으뜸가는 정치적 공세의 지위 를 어느새 획득했다.

이번에는 간접화법에서 쓰는 would를 현재 시제로 깔끔 하게 옮기는 법을 알아볼까요.

Chŏngjo intended to abolish slavery in the following manner ······ The relationship between slave and master **would be transformed** into one between employee and employer. This new obligatory relationship **would apply** only to the former slave; it **would not carry over** to the children of the ex-slave. As for losses in national revenues incurred by losing labor-remisson fees collected from the freed slaves, **Chǒngjo believed** it **would** not be difficult to make up these losses through other financial sources.

1. 정조는 노비제를 이렇게 없애려고 했다. …… 노비와 주인의 관계는 고용자와 피고용자의 관계로 **바꿀 터였다**. 새로운 의무 관계는 양인이 된 노비에게만 **적용하지** 그 사람의 자식한테까지 **승계시키지 않을 터였다**. 정조는 풀려난 노비한테서 거두는 면천납속금을 못 받으면 국가 재정이 타격을 받지만 그런 손실은 다른 재정 수입을 통해서 무난히 메꿀 수 있다고 **믿었다**.

영어 would를 '-ㄹ 터였다'로 간접화법 과거 시제로 옮겼습니다. 'ㄹ' 성분이 있어서 미래의 계획임을 알리고는 있지만 어쨌든 '였다'는 과거어미이므로 앞의 과거어미 '했다'와 뒤의 과거어미 '믿었다'와 뚜렷이 구별되지 않습니다. 계획이 화자인 정조의 머리에서 나오는 것인지 저자의 머리에서 나오는 것인지가 이렇게 원문을 직역해서는 구별이 잘 안될 수 있습니다. 이럴 때는 시제로 구분을 해줄 수가 있습니다. 기본 시제가 과거로 진행될 때 작중 인물의 생각이나 말을 간접화법으로 전하는 부분은 현재 시제로 나타내는 것이지요. 이렇게요.

2. 정조는 노비제를 이렇게 없애려고 했다. …… 노비와 주인의 관계는 고용자와 피고용자의 관계로 **바꾼다**. 새로운 의무 관계는 양인이 된 노비에게만 **적용하지** 그 사람의 자식한테까지 **승계시키지 않는다**. 정조는 풀려난 노비한테서 거두는 면천 납속금을 못 받으면 국가 재정이 타격을 받지만 그런 손실은 다른 재정 수입을 통해서 무난히 메꿀 수 있다고 **믿었다**.

노비제 혁파의 내용을 '바꾼다'와 '않는다'처럼 현재어미로 처리해서 앞뒤의 과거어미 '했다' '믿었다'와 뚜렷이 구별했습니다. 문장도 깔끔하고 머리에 바로 와닿습니다. 정조의 생각을 현재 시제로 나타낸 한국어 글을 영어로 번역한다면 당연히 will이 아니라 would를 써야겠지요. 조동사 would는 행위의 주체가 정조임을 분명히 나타냅니다.

직접화법은 어떻게 옮기면 좋을까요.

He said that there were issues with NHS care. "I think if you look at cancer survival rates, it would be a different story."

　1. 그는 국민보건공공망 진료에도 문제가 없는 것은 아니라며 "암 환자 생존률을 들여다보면 이야기는 달라진다"고 말했다.

　영어 겹따옴표 안의 말은 정말로 그 남자가 한 말과 같습니다. 그런데 한국어 겹따옴표 안의 말도 정말로 그 남자가 한 말과 같을까요. 친구 사이라면 모를까 취재하러 온 기자에게 반말로 "달라진다"고 말할 사람은 없을 겁니다. "달라집니다" 아니면 "달라져요" 또는 "달라지거든요" 하고 말하겠지요. 따라서 엄격히 말해서 이 겹따옴표 안의 한국어는 그 남자가 한 말을 그대로 옮긴 것이 아닙니다.

　2. 그는 국민보건공공망 진료에도 문제가 없는 것은 아니라며 "암 환자 생존률을 들여다보면 이야기는 달라집니다." 하고 말했다.

　3. 그는 국민보건공공망 진료에도 문제가 없는 것은 아니라며 "암 환자 생존률을 들여다보면 이야기는 달라집니다" 하고 말했다.

　4. 그는 국민보건공공망 진료에도 문제가 없는 것은 아니라며 이렇게 말했다. "암 환자 생존률을 들여다보면 이야기는

달라집니다."

　5. 그는 국민보건공공망 진료에도 문제가 없는 것은 아니라며 "암 환자 생존률을 들여다보면 이야기는 달라"진다고 말했다.

　번역 2는 얼핏 정말로 한 말을 그대로 옮긴 것처럼 보입니다. 하지만 마침표가 걸립니다. 물론 표기법에는 맞습니다. 겹따옴표 안의 문장이 완전한 문장으로 끝날 때는 마침표를 겹따옴표 안에 찍어주어야 한다는 것이 현행 표기법 원칙이니까요. 그런데 마침표를 안 찍던 한글에서 왜 마침표를 찍게 되었는지를 되돌아보아야 합니다. 마침표를 안 찍어도 한글 문장은 '-요'나 '-다' 같은 규칙성 있는 문말 어미가 있어서 문장이 어디에서 끝나는지를 짐작할 수 있습니다. 하지만 모호할 때가 있으므로 문장과 문장을 구별지으려고 마침표를 찍습니다. 책 제목이나 글 소제목이 한 문장으로 되어 있을 때 끝에 마침표를 찍으면 이상해 보이는 것은 그래서입니다. 따라서 겹따옴표라는 명료한 구분선이 있는데 여기에 다시 마침표를 찍으라는 것은 과잉이고 현실에서 벗어난 교조적 원칙입니다.

　하지만 번역 3처럼 마침표를 떼어내더라도 "하고"를 살려두면 초등학교 국어책 같은 느낌이 듭니다. 번역 4처럼 "하고"를 빼도 인용문을 완전히 뒤로 빼든가 아니면 번역 5처럼 정말로 말했던 내용만 겹따옴표 안에 집어넣는 쪽을 저는 선호합니다.

A government spokesperson said: "The UK lags behind many international healthcare systems on survival rates for diseases such as cancer or stroke."

1. 정부 대변인은 "영국은 암이나 뇌졸중 같은 질환의 생존률에서 많은 외국 보건 제도보다 뒤처졌"다고 말했다.

2. 정부 대변인은 "영국은 암이나 뇌졸중 같은 질환의 생존률에서 많은 외국 보건 제도보다 뒤처졌"다라고 말했다.

번역 2는 곤란합니다. '라고'와 '다고'는 다릅니다. '라고'는 체언 다음에 오고 '다고'는 용언 다음에 옵니다. 이렇게요.

엄마는 아이가 졸려한다고 말했다.
엄마는 아이가 잠꾸러기라고 말했다.

원문에서 의도적으로 일관되게 쓴 표현은 번역문에서도 일관되게 살려주는 것이 좋습니다. 1075년 로마가톨릭 교황 그레고리오 7세는 27개 조목의 〈교황 교서〉를 발표하여 세속 군주 신성로마황제보다 교황권이 우위에 있다고 주장했습니다. 우월한 지위를 강조하려다보니 '오직'을 뜻하는 라틴어 solus가 교서에 많이 들어갔습니다. 그렇다면 번역문도 '오직'이건 '만'이건 일관되게 써주는 것이 좋습니다.

A

1. 로마 교회는 유일하게 하느님에 의해서 세워졌다.

2. 로마 교황만이 홀로 보편이라 불릴 수 있는 권리를 가지고 있다.

3. 교황만 주교를 해임하거나 재임명할 수 있다.

8. 오직 교황만이 황제 휘장을 사용할 수 있다.

9. 교황은 모든 제후의 입맞춤을 받을 수 있는 유일한 사람이다.

10. 교회 안에서 불려질 수 있는 이름은 교황의 이름뿐이다.

B

1. 로마 교회는 하느님에 의해서만 세워졌다.

2. 보편이라 불릴 수 있는 권리는 로마 교황에게만 있다.

3. 교황만 주교를 해임하거나 재임명할 수 있다.

8. 교황만 황제 휘장을 사용할 수 있다.

9. 교황만 발에 모든 제후의 입맞춤을 받을 수 있다.

10. 교황만 교회 안에서 이름이 불려질 수 있다.

C

1. 로마 교회는 오직 하느님에 의해서만 세워졌다.

2. 보편이라 불릴 수 있는 권리는 오직 로마 교황에게만 있다.

3. 오직 교황만 주교를 해임하거나 재임명할 수 있다.

8. 오직 교황만 황제 휘장을 사용할 수 있다.

9. 오직 교황만 발에 모든 제후의 입맞춤을 받을 수 있다.

10. 오직 교황만 교회 안에서 이름이 불려질 수 있다.

A처럼 '유일하게' '유일한' '오직' '만' '만이'를 섞어 쓰는 것보다 B처럼 일관되게 '만'으로 가거나 C처럼 일관되게 '오직 -만'으로 가는 것이 훨씬 좋습니다. 그래야 읽는 사람의 머리에 글 내용이 더 잘 새겨집니다.

＊

영문으로 된 채용 공고를 한국어로 옮긴다고 합시다. 회사에 지원하는 사람은 집단의 일원이 아니라 개인 자격으로 합니다. 따라서 채용하는 회사 입장에서는 개인에 초점을 맞추는 것이 좋습니다. 가령 이런 식으로 말이지요.

Are you a highly motivated and ambitious ⟨language⟩ speaking professional, looking to leverage your experience into a more valuable career?

당신은 좀더 가치 있는 경력에 경험을 투자하고 싶은 의욕과 야심이 넘치며 ⟨언어⟩ 구사력이 뛰어난 분이십니까?

Have you decided biopharma consulting is for you?

당신은 바이오제약 컨설팅 업무가 적성에 맞는 분이십니까?

We are looking for linguists with life science or pharma expertise to join our growing global team.

당신이 생명과학이나 약학 전공자로 언어 구사력이 뛰어난 분이라면 당신을 일취월장하는 우리 글로벌 팀의 일원으로 모시겠습니다.

Do you want to work at an exciting and fast-growing biopharma product and portfolio strategy firm?

당신은 역동적이고 빠르게 성장하는 바이오제약 제품 포트폴리오 전략 기업에서 일하고 싶은 분이십니까?

We are looking for people who want to immerse

themselves in a passionate community of experts focused on bringing innovative, life-enhancing drugs to patients.

당신이 환자에게 생명을 불어넣는 혁신적 약품군에 집중하는 전문가 집단 속에서 열정을 나누고 싶은 분이라면 우리는 기꺼이 당신을 모시겠습니다.

Why not leverage your life science education and your language skills in a consulting career with us?

당신은 생명과학 지식과 언어 실력을 컨설팅 업무에 투자하는 기회를 우리에게서 찾지 않으시겠습니까?

한국어는 주어가 없어도 좋을 때가 많으므로 위 여섯 개 문장 모두에서 '당신'을 빼도 무방합니다. 그런데도 꼬박꼬박 넣어주었습니다. 주어가 꼭 있어야 하는 영문의 구조를 살리기 위해서만은 아닙니다. 셋째 문장과 다섯째 문장은 주어가 you가 아니라 we인데도 문장 구조를 바꾸어 주어를 모두 '당신이'로 밝혀서 나머지 문장들과 통일했습니다. 지원하는 개인의 입장에서는 이렇게 '당신'이라고 못박을 때 아무래도 글에 훨씬 집중할 가능성이 높아지지 않을까요.

위 채용 공고문은 지극히 실용적인 글이지만 모든 문장을 '당신'으로 시작해서 리듬감이 주는 효과를 살렸습니다. 글에서 리듬이 가장 중요한 글은 누가 뭐래도 시겠지요. 리듬이 있는 시는 어떻게 옮기면 좋을까요.

　　긴 하루 지나고 언덕 저편에
　　빨간 석양이 물들어가면
　　놀던 아이들은 아무 걱정 없이
　　집으로 하나둘씩 돌아가는데
　　나는 왜 여기 서 있나
　　저 석양은 나를 깨우고
　　밤이 내 앞에 다시 다가오는데

　가수 전인권이 쓴 〈사랑한 후에〉라는 가사의 1절입니다. 가만히 읽기만 해도 해질녘의 차분한 정경과 갈 곳 없는 주인공의 심경이 전달되는 시 같은 가사입니다. 하지만 이 노래를 아는 사람은 이 가사가 시로 눈에 다가오지 않고 선율로 귀에 들어올 겁니다. 이렇게 말이지요.

　　긴 ― 하루 지나―고 언덕 저편에 ―
　　빨 ―간 석양 ―이 물들어가면 ―
　　놀던 아이들은 ― 아무 걱정 ― 없이 ―
　　집으로 하나둘씩 돌아가는데 나는

왜 — 여기 서 있나 저 석양

은 — 나를 깨우고 밤이 —

내 앞에 다시 다가오는데

　실제 노래는 소리의 장단 말고도 음정과 높낮이까지도 살아나니 박자감이 훨씬 풍부하겠지요. 노래를 가사로만 적어 놓으면 빈약해질 수밖에 없는 이유입니다. 하지만 뒤집어 말하면 노래에는 가사 말고도 선율이 있기에 가사를 아예 무시하더라도 노래의 본래 맛을 지켜낼 수 있는 장점이 있다는 뜻이기도 합니다. 한 노래의 가사를 완전히 바꾸어도 노래가 별로 훼손되지 않는 것은 그래서입니다.

　가수 전인권이 부른 〈사랑한 후에〉만 하더라도 영국 가수 알 스튜어트가 작곡과 작사를 모두 한 노래 〈베르사유궁 The Palace of Versailles〉에서 선율만 가져왔지 가사의 내용은 딴판입니다.

　　The wands of smoke are rising from the walls of the Bastille

　　And through the streets of Paris runs a sense of the unreal

　　The Kings have all departed their servants are nowhere

We burned out all their mansions in the name of
Robespierre

And still we wait to see the day begin

Our time is wasting in the wind wondering why
wondering why,

It echoes through the lonely palace of Versailles

바스티유 성곽에 피어오르는 연기

파리 거리는 낯설기만 하구나

왕들도 모두 떠나고 시종들도 사라지고

고대광실도 로베스피에르 이름으로 다 불태웠으니

그리고 또 새 날을 기다리는 우리

왜 왜 덧없는 세월의 독백이 바람에 실려

쓸쓸한 베르사유궁에 메아리치는데

바스티유는 프랑스혁명을 상징하는 곳입니다. 1789년 파리 민중이 바스티유 감옥을 부수면서 프랑스혁명이 시작되어 종내 왕이 참수당하며 왕정이 무너지고 공화정이 들어섰습니다. 〈베르사유궁〉은 프랑스혁명을 예찬하지도 비난하지도 않습니다. 그저 생생했던 모든 것을 먼지처럼 없애버리는 시간 앞에서 현실이 얼마나 덧없게 느껴지는지를 담담히 노래합니다. 한국으로 치면 '황성 옛터에 밤이 되니 월색만 고

요해 폐허에 서린 회포를 말하여주노라'로 시작되는 옛 노래 〈황성옛터〉의 분위기와 비슷하다고 할까요.

하지만 〈사랑한 후에〉는 제목부터가 그렇지만 인생의 덧없음이 아니라 인생의 외로움을 말합니다. 이 노래는 실연을 겪고 나서 쓴 것이 아니라 자식들에게 너무도 살가웠던 어머니가 가족을 부양하느라 고생만 하다가 돌아가신 다음에 쓴 가사라고 합니다.

전인권은 원곡의 가사를 살려낼 수 있을지 따져보다가 난감했을 겁니다. 프랑스혁명이라는 딱딱한 역사 배경은 접어두고라도 바스티유, 로베스피에르, 베르사유, 파리처럼 낯선 단어가 주는 이질감에 막막했을 겁니다. 그러다가 '연기'라는 단어에서 돌파구를 찾지 않았을까요. 연기에서 밥 짓는 저녁을 떠올리고 이것이 다시 석양으로 이어지지 않았을까요. 어머니는 시장에서 밤늦게 돌아오셨으므로 친구들과 뛰어놀다가 귀가한 어린 아들을 맞아주지는 못했을 겁니다. 하지만 전에는 밤늦게라도 어머니를 볼 수 있었지만 어머니가 세상을 떴으니 이제는 밤이 되어도 돌아갈 곳이 없는 슬픔과 외로움이 자연스럽게 떠올랐겠지요.

〈사랑한 후에〉의 노래말이 〈베르사유궁〉의 노래말에 구애받지 않고 훨훨 날아오를 수 있었던 것은 선율이라는 뒷배가 버텨주어서였습니다. 좋은 노래는 선율과 가사가 하나로 녹아들어 있겠지만 하나의 선율이 단 하나의 가사하고만 어울린다고 말하긴 어렵습니다. 알 스튜어트만 하더라도 하나의 선율에 각각 다른 몇 개의 가사를 담아서 녹음하곤 했다고 합니다.

하지만 시에는 선율이라는 든든한 뒷배가 없습니다. 기댈 것이라곤 말밖에 없습니다. 그런데 시의 말은 보통 말과 다릅니다. 시에는 운이 있거든요. 그래서 시를 운문이라고도 합니다. 운율이 있는 글이라는 뜻이지요.

　　오백년 도읍지를 필마로 돌아드니
　　산천은 의구한데 인걸은 간 데 없네
　　어즈버 태평연월이 꿈이런가 하노라

천천히 한 걸음 두 걸음 세 걸음 네 걸음을 내디디면서 시조를 읽어봅시다. 오백년(한 걸음) 도읍지를(두 걸음) 필마로(세 걸음) 돌아드니(네 걸음) 이렇게 네 걸음을 내디디면서 한 행을 읽어나갑니다. 이렇게 내딛는 걸음을 소리걸음 곧 음보라고 합니다. 시조는 한 행이 4음보로 이루어진 3행시입니다. 전에는 각 음보가 서너 자로 이루어졌다고 해서 시조를 3·4조 운율이라 말하기도 했지만 한 음보는 한 자일 수도 있고 예닐곱 자일 수도 있습니다. 한 음보에 서너 자가 많은 것은 한국어의 의미 구절이 대체로 서너 자인 경우가 많아서 그렇습니다.

음보는 서양 정형시를 한국어로 번역할 때도 유용합니다. 영시에 소네트라는 정형시가 있습니다. 소네트는 14행으로 된 정형시인데 각 행이 10음절로 이루어집니다. 이 10개의 음절이 강세에 따라 약강 약강 약강 약강 약강 이렇게 5개의 음보를 만듭니다. 소네트는 음보만 있는 것이 아니라 각운도 있습니다. 각 행의 끝이 비슷한 음절로 끝나야 합니다. 소네트 중에서 가장 유명한 것이 셰익스피어가 쓴 154편의 소네트인데 이 중 116번 소네트는 이렇습니다.

Let me not to the marriage of true minds (A)

Admit impediments. Love is not love (B)

Which alters when it alteration finds, (A)

Or bends with the remover to remove. (B)

O no, it is an ever-fixed mark (C)

That looks on tempests and is never shaken; (D)

It is the star to every wand'ring bark, (C)

Whose worth's unknown, although his height be taken. (D)

Love's not time's fool, though rosy lips and cheeks (E)

Within his bending sickle's compass come: (F)

Love alters not with his brief hours and weeks, (E)

But hears it out even to the edge of doom. (F)

If this be error and upon me proved, (G)

I never writ, nor no man ever loved. (G)

참된 두 마음 하나됨에 걸림돌 있으면 (A)

그런 걸림돌 걸림돌로 안 치겠고 (B)

사람이 변한다 변하고 물러선다 물러서면 (A)

그런 사랑 사랑으로 안 보겠고 (B)

사랑은 제자리 지켜줄 언제나 등대 (C)

비바람 불어도 흔들림 없이 바라볼 (D)

사랑은 길 찾는 배에게 언제나 별 (C)

높이를 헤아려도 그 값을 못 헤아릴 (D)

붉은 입술과 볼 시간의 낫질을 못 피해도 (E)

덧없는 시간에 농락 안 당할 사랑 (F)

모두들 내일이 두려워 자리를 떠나도 (E)

어제를 안 잊고 자리를 지켜줄 사랑 (F)

내가 안 맞고 내 사랑 저버릴 터면 (G)

나는 안 썼고 아무도 사랑을 안 했다 (G)

각 음보의 글자 수에 얽매일 필요는 없습니다. 가령 2행에서 첫째 음보 '그런'은 두 글자이고 셋째 음보 '걸림돌로'는 네 글자이고 넷째 음보 '안'은 한 글자입니다. 음보와 음보를 끊고 맺는 것도 읽는 사람의 자유입니다. 가령 9행을 〈붉은 / 입술과 볼 / 시간의 / 낫질을 / 못 피해도〉로 읽을 수도 있고 〈붉은 / 입술과 볼 / 시간의 낫질을 / 못 / 피해도〉로 읽을 수도 있습니다.

각운이 아주 똑같지 않아도 됩니다. 가령 5행은 '대'로 끝나고 7행은 '별'로 끝납니다. 하지만 5행과 7행은 구조적으로 아주 비슷합니다. 5행은 '사랑은 …… 언제나 등대'이고 7행은 '사랑은 …… 언제나 별'입니다. 한낱 각운이 같은 것보다 더 깊은 구조적 동질성이 있습니다. 6행과 8행도 각운은 '볼'과 '릴'로 좀 거리가 있어 보이지만 미래를 나타내는 어미 '-ㄹ'은 모음이 아니라 자음이긴 해도 강력한 각운의 효과를 내는 것이 아닐까요. 문장 구조도 아주 비슷합니다. 6행은 '…… 불어도 … 바라볼'이고 8행은 '…… 헤아려도 …… 못 헤아릴'입니다. 각운은 달라도 이렇게 구조가 같으면 정형시의 운율 만들기에 더 크게 기여하는 것이 아닐까요. 마지막 두 행도 각운은 '면'과 '다'로 많이 다르지만 '내가 안 맞고'와 '나는 안 썼고'에서 느껴지는 리듬감은 각운보다 강력할 수 있습니다.

이탈리아어는 같은 음절로 끝나는 말이 영어보다 훨씬 많아서 원래 소네트 형식도 단순했습니다. 이탈리아 소네트는 영국 소네트처럼 14행이었지만 영국 소네트가 보통 ABABCDCDEFEFGG였다면 이탈리아 소네트는 보통 ABBAABBACDCDCD였습니다. 영국 소네트 형식이 더 복잡해진 것은 운의 종류가 이탈리아어보다 많은 영어의 특성을 살려 영어의 다양한 음절을 활용하려는 마음에서였습니다. 한국어도 조사라든가 어미 같은 한국어만의 특성을 살려서 운율에 활용할 필요가 있습니다. 한국어는 받침에 쓰는 자음 자체에도 문법 성분이 있습니다. 셰익스피어의 116번 소네트 번역에서 '바라볼'과 '헤아릴'의 ㄹ이 미래어미 노릇을 합니다. 만일 '바라본'과 '헤아린'이었다면 ㄴ이 과거어미 노릇을 했겠지요. '바라봄'과 '헤아림'이었다면 ㅁ이 동사의 명사형 어미 노릇을 했을 거고요.

아울러 한국어에서는 여러 개의 음절이 동일한 문법 성분을 나타내기도 합니다. '걸림돌로 안 치겠고'와 '사랑으로 안 보겠고'에서 어미 '-겠고'가 그렇습니다. 만일 '안 치더라도'와 '안 보더라도'였다면 어미 '-더라도'가 그랬을 겁니다. '높이를 헤아려도 그 값을 못 헤아릴'에서는 '를'과 '을'이 똑같이 목적격 조사로 쓰이면서 박자감을 살립니다.

조사는 또 어떻습니까. '걸림돌로'와 '사랑으로'에서 '로'와

'으로'가 대상을 규정하는 조사로 같이 쓰입니다. '사랑은 제자리'와 '사랑은 길 찾는'에서 '은'은 주제조사로 쓰입니다. '낮질을 못 피해도'와 '자리를 못 떠나도'에도 역시 목적격 조사가 있습니다.

영어 원문보다 한국어 번역문에 더 안정된 운율이 구조적으로 박혀 있음을 아래 고딕체 글씨로 알 수 있습니다.

참된 두 마음 하나됨에 걸림돌 있으면 (A)

그런 걸림돌 걸림돌로 안 치겠고 (B)

사람이 변한다 변하고 물러선다 물러서면 (A)

그런 사랑 사랑으로 안 보겠고 (B)

사랑은 제자리 지켜줄 언제나 등대 (C)

비바람 불어도 흔들림 없이 바라볼 (D)

사랑은 길 찾는 배에게 언제나 별(C)

높이를 헤아려도 그 값을 못 헤아릴 (D)

붉은 입술과 볼 시간의 낮질을 못 피해도 (E)

덧없는 시간에 농락 안 당할 **사랑** (F)

모두들 내일이 두려워 자리를 떠나도 (E)

어제를 안 잊고 자리를 지켜줄 **사랑** (F)

내가 안 맞고 내 사랑 저버릴 터면 (G)

나는 안 썼고 아무도 사랑을 안 했다 (G)

원문에는 impediment라든가 alteration처럼 어려운 말이 박혀 있지만 이것을 '장애물'이나 '변경'처럼 딱딱한 말로 옮기지 않으면 좋겠습니다. 영어 원시에서 행마다 모자란 음절을 채워넣느라 일부러 어려운 말을 썼을 가능성이 높거든요. ever-fixed mark도 '늘 붙박여 있는 표지'라고 딱딱하게 직역하면 시 같지가 않습니다. '표지'라는 생경한 단어 하나가 운문을 산문으로 추락시킵니다. 시를 옮기려면 때에 따라 mark를 과감히 '등대'로 표현할 수 있어야 합니다.

이 번역에서 유일한 한자어는 '등대'입니다. 산문도 그렇지만 특히 운문 번역에서는 될수록 토박이말을 써주는 것이 좋습니다. 토박이말이 많이 들어간 노래가 듣기 편한 것처럼 토박이말이 많이 들어간 시가 읽기 편합니다.

*

토박이말은 동양 고전을 번역할 때도 많이 쓸 필요가 있습니다. 앞에서 impediment나 alteration처럼 딱딱한 말의 사전적 의미를 '장애물'이나 '변경'처럼 곧이곧대로 옮기지 말아야 한다고 했습니다. 동양 고전을 현대 한국어로 옮길 때 중요한 것도 원문에 있는 한자에 끌려가지 않으려는 자세입니다.

《논어》에는 唯仁者能好人能惡人(유인자능호인능오인)이라는 구절이 있는데 이것을 보통은 '어진 사람만이 사람을 좋아할 줄도 알고 사람을 미워할 줄도 안다'고 옮깁니다. 그런데 조금 껄끄럽지 않은가요. 어진 사람이 사람을 사랑한다는 말은 자연스럽지만 어진 사람이 사람을 미워한다는 말은 부자연스럽습니다. 정말로 어진 사람이라면 때로는 사람을 미워할 줄도 알아야 한다면서 어진 사람으로 옮겨야 하는 이유를 어떻게든 만들어낼 수야 있겠지요. 하지만 아무래도 억지스럽습니다. 왜 그렇게 되었을까요. 仁을 '어질 인'의 어질다는, 화석처럼 굳어버린 뜻으로 그냥 받아들여서 그렇습니다.

仁은 '사람다울 인'으로 풀이해야 뜻이 잘 통할 때가 많습니다. 살신성인(殺身成仁)은 '몸을 던져 인을 이룬다'나 '몸을 던져 어짊을 이룬다'보다 '몸을 던져 사람다움을 이룬다'로 옮겨야 뜻이 단숨에 와닿습니다. 《석명 釋名》이라는 중국 고대 한자 사전은 한 글자의 뜻을 발음이 비슷한 다른 글자로 풀이한 사전으로 유명합니다. 《석명》을 편찬한 유희는 이름이란 것은 우연히 붙은 것이 아니며 발음이 비슷하면 거기에는 사연이 있다고 믿고서 발음의 유사성을 토대로 삼아 글자의 뜻을 풀이한 독창적인 사전편찬가였습니다. 《석명》에서는 사람 人을 仁으로 풀이합니다(人, 仁也). 중국어에서 사람 人과 어질 仁은 예나 지금이나 발음이 똑같습니다. 앞에서 소개한 논어의 구절은 '사람다운 사람만이 사람을 좋아할 줄도 알고 사람을 미워할 줄도 안다'고 해야 자연스럽게 이해됩니다.

誠이라는 글자가 한문에 들어가면 보통은 '정성'이나 '성실'로 풀이합니다. '성'이라는 발음을 어떻게든 풀이에 담아내려는 마음에서지요. 그런데 유학에서 말하는 誠은 단순히 사람이 성실하다거나 정성을 쏟는다는 차원을 넘어서는 말입니다. 誠은 봄이 오면 꽃이 피고 가을이 되면 열매를 맺는 자연의 변함없는 모습을 말합니다. 사람도 자연처럼 한결같은 모습으로 살아가야 한다고 보았기에 유학에서 誠을 중요하게 생각했지요. 따라서 誠도 '한결같을 성'으로 읽어낼 필요가 있습니다. 性은 또 어떤가요. 한문에 性이 들어가면 '성품'이나 '천성'으로 풀이할 때가 많습니다. 역시 '성'이라는 발음을 어떻게든 풀이에 담아내려는 의도에서지요. 이것도 사람의 성품이나 천성보다 더 넓은 뜻으로, 가령 '바탕'으로 풀이하면 뜻이 훨씬 분명해질 때가 많습니다.

다음은 공자의 손자 자사가 쓴 《중용》 21장입니다.

自誠明, 謂之性 ; 自明誠, 謂之教. 誠則明矣, 明則誠矣.

1. 성(誠)으로 인해 밝아짐을 성(性)이라 하고
　　명(明)으로 인해 밝아짐을 교(敎)라 하니

성실하면 밝아지고 밝아지면 성실해진다.

2. 한결같아서 밝은 것을 바탕이라 하고
   밝혀져서 한결같아지는 것을 가르침이라 한다.
   한결같아서 밝고 밝혀져서 한결같아진다.

3. 한결같아서 밝은 것을 바탕이라 하고
   한결같아지도록 밝히는 것을 가르침이라 한다.
   한결같아서 밝고 밝혀져서 한결같아진다.

자연은 한결같은 제 모습을 스스로 밝게 드러내지만 사람은 밝혀짐을 통해서만 곧 가르침을 통해서만 한결같아질 수 있다는 뜻입니다. 번역 2와 번역 3의 차이는 가운데 행입니다. 번역 2처럼 '밝혀져서 한결같아지는 것을 가르침이라 한다'고 하면 '밝혀져서'의 수동성과 '가르침'의 능동성이 부딪쳐서 조금 삐걱거리지만 번역 3처럼 '한결같아지도록 밝히는 것을 가르침이라 한다'고 하면 앞과 뒤가 모두 능동이라 문장이 안정을 찾습니다.

조금 길지만 내용이 이어지니 《중용》 22장도 마저 볼까요.

唯天下至誠, 爲能盡其性 ; 能盡其性, 則能盡人之性 ; 能盡人之性, 則能盡物之性 ; 能盡物之性, 則可以贊天地之化育 ; 可以贊天地之化育, 則可以與天地參矣.

1. 천하에 지극히 성실한 사람이라야 능히 성(性)을 다할 수 있고

능히 그 성을 다해야 능히 사람의 성을 다할 수 있고

능히 사람의 성을 다해야 능히 만물의 성을 다할 수 있고

능히 만물의 성을 다해야 천지의 화육(化育)을 도울 수 있고

천지의 화육을 도울 수 있어야 천지와 함께 참여할 수 있다.

2. 세상 없어도 내가 한결같아야만 나의 바탕이 온전히 드러나고

나의 바탕이 온전히 드러나야만 남의 바탕이 온전히 드러나고

남의 바탕이 온전히 드러나야만 만물의 바탕이 온전히 드러나고

만물의 바탕이 온전히 드러나야만 하늘과 땅이 여물고 자라도록 도울 수 있고

하늘과 땅이 여물고 자라도록 도울 수 있어야만 하늘과 땅과 더불어 지낼 수 있다.

엄밀한 뜻에서 번역 1은 번역이 아닙니다. 한문에 능한 사람끼리만 알아볼 수 있는 글입니다. 誠은 '성실 誠'일 수 있

갑골문   금문

지만 늘 '성실'로만 화석처럼 굳어진 誠이어서는 안 됩니다.
'한결같은 誠'일 수도 있어야 합니다. 性은 '천성 性'일 수 있
지만 늘 '천성'으로만 화석처럼 굳어진 性이어서는 안 됩니
다. '바탕 性'일 수도 있어야 합니다.

　고전이 잘 읽히려면 화석처럼 굳은 고리타분한 말로 고
전을 읽어내서는 곤란합니다. 德을 그냥 '덕'으로 禮를 그냥
'예'로 義를 그냥 '의'로 읽어주는 번역은 다음 세대에게 진지
하게 읽히기 어렵습니다. 따분한 느낌만 주니까요. 갑골문에
서 德은 사람이 네거리에서 눈을 크게 뜨고 똑바로 앞을 보
면서 걸으려는 마음을 그려냈습니다.[14]

　거북 배딱지나 짐승 어깨뼈에 새겨진 갑골문에서는 네거
리에서 곧게 난 길을 바라보는 눈만 있었지만 금속에 새겨진
금문에서는 마음을 나타내는 심장까지 새겨졌습니다. 그러
므로 德을 때로는 '반듯할 德'으로 읽어주어야 합니다. 禮도
'깍듯할 禮'로 義도 '떳떳할 義'로 읽어줄 수 있어야 합니다.

《도덕경》38장을 소개합니다.

上德不德 是以有德

下德不失德 是以無德

上德無爲而無以爲 下德爲之而有以爲

上仁爲之而無以爲 上義爲之而有以爲

上禮爲之而莫之應 則攘臂而扔之

故失道而後德 失德而後仁 失仁而後義 失義而後禮

夫禮者 忠信之薄 而亂之首

前識者 道之華 而愚之始

是以大丈夫處其厚 不居其薄

處其實 不居其華 故去彼取此

더 반듯한 사람은 반듯함을 놓아버려서 반듯하다.

덜 반듯한 사람은 반듯함을 안 놓아서 안 반듯하다.

더 반듯한 사람은 이루려는 것이 없고 이루려는 까닭도 없다.

덜 반듯한 사람은 이루려는 것이 있고 이루려는 까닭도 있다.

더 사람다운 사람은 이루려는 것이 있지만 이루려는 까닭은 없다.

더 떳떳한 사람은 이루려는 것이 있고 이루려는 까닭도 있다.

더 깍듯한 사람은 이루려는 것이 있고 그것을 받아내지 못하면

기어이 받아내려고 소매를 걷어붙인다.

그래서 길을 잃은 사람이 반듯함을 앞세우고

반듯함을 잃은 사람이 사람다움을 앞세우고

사람다움을 잃은 사람이 떳떳함을 앞세우고

떳떳함을 잃은 사람이 깍듯함을 앞세운다.

깍듯함을 앞세우면 참다움이 엷어져 어지러움이 깃들기 마련이니

경우에 밝다는 것은 길의 꾸밈이요 어리석음의 첫발이다.

그래서 크고 넓은 사람은

두터운 곳에 머무르지 얇은 곳에 안 머무른다.

속찬 곳에 머무르지 꾸민 곳에 안 머무른다.

그래서 저것을 버리고 이것을 얻는다.

3행을 '이루려는 것이 없고 이루려는 까닭도 없다' 말고 '이루는 것이 없고 이루는 까닭도 없다'고 했으면 뜻이 모호했을 겁니다. 사람이 살아가는 데 어떻게 하는 일과 이루는 일이 없을 수 있겠습니까. 하지만 하려는 일과 이루려는 일은 없을 수도 있습니다. 노자가 말한 무위의 철학은 '하는 일

이 없는 마음가짐'이 아니라 '하려는 일이 없는 마음가짐'이 었겠지요. '-려'라는 의도를 나타내는 어미 하나가 있고 없고가 이렇게 큰 차이를 만들어냅니다. 15행은 원문의 大丈夫를 '크고 넓은 사람'으로 풀이했습니다. '대장부'라고 했으면 '대장부'라는 말 자체의 상투성이 글 전체를 오염시켰을뿐더러 인구의 절반을 차지하는 여자가 배제되었을 테니까요.

大丈夫를 '크고 넓은 사람'으로 참신하게 담아내듯이 大人도 '큰사람'으로 君子도 '깊은사람'으로 小人도 '얕은사람'으로 옮겨줄 수 있어야 고리타분함에서 벗어날 수 있습니다. 이름이 이름 노릇을 제대로 할 수 있으려면 때의 흐름에 맞추어 늘 다르게 풀이될 수 있어야 합니다. 끝으로 《중용》의 한 구절을 더 소개합니다.

天命之謂性 하늘이 이르는 것을 바탕이라 하고
率性之謂道 바탕을 이끄는 것을 길이라 하고
修道之謂敎 길을 닦는 것을 가르침이라 한다.
道也者 不可須臾離也 可離 非道也
길은 잠시도 떠나선 안 되며 떠나도 된다면 길이 아니다.
是故 君子戒愼乎其所不睹
그래서 깊은사람은 안 보이는 곳에서도 살피고 삼가며
恐懼乎其所不聞

안 들리는 곳에서도 두려워하고 무서워한다.

莫見乎隱

안 띄는 곳에서보다 더 잘 드러나는 것이 없고

莫顯乎微

작디 작은 것보다 더 잘 나타나는 것이 없으니

故君子愼其獨也

깊은사람이 홀로 있을 때 삼가는 것은 그래서다.

좋은 번역은 원문의 소리를 살리는 번역이 아니라 원문의 뜻을 살리는 번역입니다. 원문의 소리를 살리는 데 급급한 번역은 굳은살을 더욱 굳히는 번역입니다. 굳은살을 도려내야 새살이 돋습니다. 길이 길일 수 있으려면 화석처럼 굳어진 길이어서는 안 됩니다. 이름이 이름일 수 있으려면 늘 화석처럼 굳어진 이름이어서는 안 됩니다. 노자가 《도덕경》에서 말한 道可道非常道 名可名非常名(도가도비상도 명가명비상명)의 뜻이 번역가에게는 이렇게 다가옵니다.

8장

사이시옷

영국의 문법학자이며 교육자였던 존 하트가 1569년에 낸 《맞춤법Orthographie》에서 영어의 맞춤법을 현실 발음에 맞게 새로 뜯어고쳐야 한다고 말한 데에는 이유가 있었습니다. 영어 맞춤법은 너무 무원칙했습니다. 중세 때 night의 표기법은 nite, nyght, nicht, nihte 등 60가지가 넘었습니다. 영어에는 특히 군더더기 글자가 많았습니다. 하트가 보기에 eight와 people에서 g와 o는 소리가 안 나므로 빼야 마땅했습니다. often과 seven도 음가 없는 e를 빼야 이치에 맞았으므로 oftn과 sevn으로 적어야 한다고 하트는 주장했습니다. 소리와 글자가 일대일로 엮이는 이상적 맞춤법을 세우려면 can은 kan으로 certain은 sertain으로 his는 hiz로 적어야 한다고 역설했습니다. 하트는 복모음도 쌍모음으로 나타내야

한다고 생각했습니다. 그래서 like는 leik로 own은 oun으로 적자고 제안했습니다.[15]

존 하트는 종교개혁이 필요하다고 믿었던 철저한 반교황 파였습니다. 그리고 교황권을 무너뜨리려면 성서를 누구나 쉽게 읽을 수 있도록 글의 문턱을 낮춰야 하고 글의 문턱을 낮추려면 철저한 표음주의 원칙에 따라 맞춤법을 뜯어고쳐야 한다고 생각했습니다. 하트는 화가의 붓길처럼 철자가 소리를 그대로 담아내야 한다고 역설했습니다.

하지만 영어에 수용된 것은 존 하트의 표음주의 맞춤법이 아니라 리처드 멀커스터라는 교육자가 내건 전통주의 맞춤법이었습니다. 안 그래도 이미 지역적 발음 편차가 워낙 심한 언어가 영어였는데 그런 영어의 현실을 도외시하고 발음 나는 대로 적자는 표음주의를 맞춤법의 원칙으로 삼는 것은 문제가 있다고 멀커스터는 보았습니다. 영어를 가르치는 교육자였던 멀커스터가 보기에 발음나는 대로 적으라는 표음주의 맞춤법은 글쓰기를 배우는 아이들을 오히려 혼란스럽게 만들 가능성이 높았습니다. 북쪽 사투리를 쓰는 아이가 소리 나는 대로 적는 영어와 남쪽 사투리를 쓰는 아이가 소리 나는 대로 적는 영어가 같을 리 만무했으니까요. 게다가 한 지역이더라도 시간이 흐르면 발음은 어쩔 수 없이 달라집니다. 표음주의 맞춤법을 따르게 되면 발음 변화에 맞추어 맞춤법을 수시로 바꿔나가야 합니다. 낭비가 큽니다. 표음주의 맞춤법은 공간 차원에서도 시간 차원에서도 일어나기 마련이었던 발음의 편차를 헤아리지 못하는 추상적 맞춤법이라는 것이 멀커스터의 결론이었습니다. 글자가 소리를 나타내는 힘은 글자 자체에 있는 것이 아니라 글자를 만들어낸 사람들의 합의에서 나온다고 멀커스터는 생각했습니다. 현실에서 쓰이는 글을 독자가 이해하는 데 어려움을 못 느낀다면 굳이 맞춤법을 뜯어고칠 이유가 없다고 보았습니다. 멀커스터는 1582년에 낸 글쓰기 지침서 《기초Elementarie》에서 음성주의 맞춤법의 문제점을 꼬집은 뒤 책 말미에 8500개의 영어 단어 철자를 뜻풀이 없이 수록했습니다. 이런 표준 어휘집이 맞춤법 통일에 크게 기여했습니다.

　지금의 영어는 만국공용어로 군림하지만 16세기의 영어는 위상이 초라했습니다. 중세에는 유럽 어디에서나 라틴어의 위상이 토착어보다 높았습니다. 하지만 북프랑스에 둥지를 틀었던 스칸디나비아 바이킹 출신 노르만인에게 1066년 잉글랜드가 정복당한 뒤 수백 년 동안 잉글랜드에서 토착어 영어는 라틴어는 물론이고 정복자의 언어 프랑스어에조차 눌려지냈습니다. 대부분의 유럽 나라에서 토착어는 라틴어 다음가는 2등 언어였지만 잉글랜드에서 토착어 영어는 3등 언어였습니다. 프랑스어에 물들기 전 고대영어에서는 ð(then)

와 þ(thorn)라는 별개의 글자를 구별해서 썼지만 노르만인에게 정복당한 뒤 중세영어에서는 프랑스어의 영향으로 두 글자가 th로 통일되었습니다. 프랑스어에서 들어온 1만 개 가까운 차용어 탓에 영어 표기는 더없이 혼란스러워졌습니다.

그래도 14세기 말이면 초서의 《켄터베리 이야기》를 낳는 등 영어는 행정어뿐 아니라 문학어로도 주도권을 잡아나갔습니다. 그런데 이탈리아에서 시작된 르네상스와 함께 인쇄술의 발달로 15세기 후반부터 16세기 말까지 라틴어, 그리스어 어휘는 물론이고 이탈리아어, 프랑스어, 에스파냐어 같은 선진 당대 외국어의 어휘가 외국어 학습이나 번역을 통해 영어에 한꺼번에 들어왔습니다. 영어는 이런 외국어들과 알파벳을 공유했고 낯선 외국어를 담아낼 기존의 영어 어휘가 부족했으므로 16세기 내내 겉모습만 살짝 바꿔서 이런 외국산 어휘를 대거 받아들였습니다. 멀커스터의 《기초》에 수록된 어휘집에는 그런 외래어가 많이 실려 있었고 활자 문화의 발달로 그리스어, 라틴어 같은 고전어는 물론이고 이탈리아어, 프랑스어 같은 당대 유럽어에 익숙했던 상당수의 영국인 독자는 어원의 흔적이 남아 있는 외래어에 거부감을 보이지 않았습니다. 오히려 가독성에 도움이 된다고 생각했습니다. 마치 예전에 한자에 익숙했던 세대가 한글 전용 문장보다 한자 병용 문장이 눈에 더 빨리 들어온다고 생각했던 것처럼 말이지요.

17세기로 넘어오면 영어에 들어온 어려운 외래어를 중점적으로 수록한 본격 영어 난해어 외말사전이 여러 종 나와서 널리 읽혔습니다. 라틴어 어원을 드러내려고 발음도 안 되는 글자를 집어넣는 단어까지 생겼습니다. 1582년에 나왔던 멀커스터의 《기초》어휘집에는 '빚'과 '의심'이 (중세영어가 프랑스어에서 받았던 영향을 그대로 드러내며) det와 dout로 적혀 있었지만 한 세기 뒤 1656년 토머스 블런트가 낸 《자휘Glossographia》에는 지금처럼 debt와 doubt로 적혔습니다. 라틴어 어원 dēbitum과 dubitāre의 흔적을 드러내려고 발음도 안 나는 묵음 b를 새삼스럽게 끼워넣은 것입니다. 역시 1582년의 《기초》어휘집에는 '전진' '강림' '이득' '모험'이 프랑스어에서 받았던 영향을 그대로 드러내며 avance, avant, avantage, aventur로 적혀 있었지만 에드워드 필립스가 1658년에 낸 영어 외말사전 《영어 단어의 신세계The New World of English Words》에는 지금처럼 advance, advent, advantage, adventure로 적혔습니다. 라틴어 어원에 d가 있었으리라고 때로는 착각까지 하면서 d를 끼워넣은 것입니다. debt와 doubt의 b는 지금도 묵음으로 남아 있지만 advance, advent, advantage, adventure의 d는 이제 당당히 발음까지 됩니다. 영어 맞춤법에서 말의 뿌리를 드러내려는 어원주의는 이렇게 표음주의를 압도했습니다. 17세기 중반이 되면 영어 맞춤법은 지금의 영어 맞춤법과 큰 차이가 없을 정도로 제자리를 잡았습니다. 영어 맞춤법은 표음주의가 아니라 전통주의 내지 어원주의 곧 비표음주의로 정리되었습니다.

프랑스어도 맞춤법에서 혼선을 겪었습니다. 그리고 영어처럼 표음주의보다 어원주의로 문제를 해결했습니다. 첫째는 영국처럼 프랑스에서도 인쇄술의 발달로 그리스어, 라틴어 같은 고전어와 당대 외국어를 아는 독서인이 급증하면서 어원을 드러내주는 표기가 가독성을 높이게 되었다는 시대 배경이 있었습니다. 둘째는 영국처럼 프랑스에서도 표음주의 맞춤법은 소리 나는 대로 글을 적으면 성서를 읽을 줄 아는 사람이 늘어나 구교의 기득권을 무너뜨릴 수 있다고 믿었던 신교도 진영에서 주로 들고나왔습니다. 그래서 프랑스의 주류 기득권 세력은 표음주의 맞춤법에 거부감을 보였습니다. 셋째는 프랑스가 신흥 강국으로 떠오르면서 프랑스어의 국제적 지위가 높아져 프랑스어를 배우려는 외국인이 많아져서였습니다. 외국인도 기를 쓰고 배우려는 프랑스어의 맞춤법을 굳이 뜯어고칠 이유가 있겠는가 하는 자부심도 프랑스 맞춤법이 어원주의로 기울어지도록 만드는 데 일조했습니다. 프랑스어 글자에는 시르콩플렉스(^)라는 꺽쇠 기호가 있는데 이것은 라틴어의 흔적을 나타내려던 몸짓이었습니다. 가령 '우리의'를 뜻하는 nôtre의 ô에 꺾쇠를 얹은 것은 이 말이 같은 뜻을 지닌 라틴어 noster에서 왔는데 자음 s가 생략되었음을 나타내기 위해서였습니다. 선생님을 뜻하는 프랑스어 maître도 이 말이 라틴어 magister에서 왔고 역시 자음 s가 생략되었음을 나타내려고 i에 꺾쇠(î)를 얹었습니다.

한글 맞춤법은 어원주의가 아니라 표음주의를 추구한다는 인상을 받습니다. 사이시옷 규정 탓에 더 그런 느낌이 듭니다. 한글 맞춤법 30항에 따르면 대체로 된소리가 나는 자리에 사이시옷을 집어넣으랍니다. '냇가'나 '찻집'은 확실히 '내까'나 '차찝'으로 된소리가 나므로 사이시옷을 넣어야 한다는 원칙에 수긍이 갑니다. 하지만 '장마비'를 '장맛비'로 적어야 하고 '막내동생'을 '막냇동생'으로 적어야 한다는 규정 앞에서는 고개가 갸우뚱해집니다. '장마비'를 '장마삐'로, '막내동생'을 '망내똥생'으로 거세게 읽기가 더 불편하다는 생각이 자꾸만 들어서입니다.

발음은 사람마다 다를 수 있습니다. 저는 '전세찝'이라고 읽기보다 '전세집'이라고 읽는 쪽이 편합니다. '선지국'을 굳이 '선지꾹'이라고 강하게 읽을 필요성을 못 느낍니다. 그래서 왜 '전세집'을 '전셋집'으로 적어야 하고 '선지국'을 '선짓국'이라 적어야 하는지 납득이 안 됩니다. 지금은 '나무잎'을

'나뭇닢'이라고 읽는 사람이 많은 모양이어서 '나뭇잎'이라고 적어야 한다지만 1969년 가수 김추자가 부르고 신중현이 작사 작곡한 노래의 제목은 〈나무잎이 떨어져서〉였지 〈나뭇잎이 떨어져서〉가 아니었습니다. 제목만 '나무잎'으로 적은 것이 아니라 발음도 '나무잎'으로 냈습니다. 1880년 프랑스인 신부들이 낸 《한불자전》에도 '핏줄'이 아니라 '피줄'이 표제어로 올라 있었습니다. '핏발서다'가 아니라 '피발셔다'가 표제어로 올라가 있었습니다. '햇볕'이 아니라 '해볏'이, '햇빛'이 아니라 '해빗'이 표제어였습니다. '볏'의 뜻씨가 '볕'이고 '빗'의 뜻씨가 '빛'임을 밝혀낸 것은 국어학의 성과라 말할 수 있겠지만 설령 일부 사람들이 자꾸 된소리로 발음하는 습성이 생겼다 하더라도 그런 된소리를 맞춤법의 기준으로 삼아서 사이시옷을 자꾸 끼워넣는 것이 과연 바람직한 일일까요.

*

물론 유럽어 중에도 어원주의를 추구한 영어나 프랑스어와 달리 표음주의를 토대로 삼아 맞춤법을 세운 언어가 있습니다. 에스파냐어와 이탈리아어가 그렇습니다. 하지만 에스파냐와 이탈리아는 표음주의를 택해야 했던 나름의 역사 배경이 있습니다.

유럽에서 토착어가 라틴어를 밀어내고 가장 먼저 행정어로 올라선 나라는 에스파냐였습니다. 현대 에스파냐어의 모체는 카스티야어인데 카스티야는 이슬람 세력이었던 무어인으로부터 에스파냐 영토를 되찾는 고토회복운동의 선봉장이었습니다. 특히 13세기에 갈리시아, 레온, 카스티야 세 왕국을 통합한 알폰소 10세(재위 1252~1284) 치하에서 카스티야어의 지위는 급상승했습니다. 알폰소 10세는 영국, 프랑스보다 적어도 반세기 빨리 토착어 카스티야어로 각종 법률을 반포했습니다. 거기에는 이유가 있었습니다. 에스파냐의 기독교 왕국 중에서 인구도 제일 많았고 경제력도 제일 강했던 카스티야는 무어인을 압박해서 땅을 많이 되찾았는데 되찾은 땅에 백성을 정착시키려면 문턱이 낮은 글로 백성과 소통하는 것이 중요했습니다. 알폰소 10세는 라틴어를 모르는 백성이 법규를 쉽게 이해할 수 있도록 문턱이 높은 글말 라틴어가 아니라 문턱이 낮은 입말 카스티야어를 통치어로 삼았습니다. 라틴어를 모르는 백성을 위한 토착어가 행정어로 자리잡다보니 백성이 알아들을 수 있게 글을 써야 했고 자연히 표음주의가 맞춤법의 원칙으로 자리잡았습니다.

행정어의 표준성은 대체로 유지되었지만 16세기에 오면 세월의 흐름과 함께 현실 발음이 달라져 알폰소 10세 시대에 확립되었던 맞춤법에서 벗어나는 글이 늘어났습니다.

르네상스를 거치면서 에스파냐어에도 영어와 프랑스어에서처럼 그리스어, 라틴어의 어원 흔적을 드러내려는 흐름이 생기기도 했습니다. 그래서 전에는 efeto, dotrina, dino, sinificar, coluna, esaminar, escelencia, esperiencia라고 적었던 말을 르네상스 이후에는 고전어 어원을 드러내려고 efecto, doctrina, digno, significar, columna, excelencia, experiencia라고 적기도 했습니다. 그렇게 적다보니 묵음이었던 철자와 발음까지 되살아났습니다. 하지만 알폰소 10세 때 확립된 표음주의 맞춤법의 틀이 워낙 공고했으므로 영어, 프랑스어에 비하면 발음과 표기의 괴리가 훨씬 적었습니다.

에스파냐어는 에스파냐에서뿐 아니라 브라질을 뺀 중남미 전역에서 5억 명이 모국어로 쓰는 말이 되었습니다. 아무리 영어, 프랑스어보다 발음과 표기의 규칙성이 뛰어난 에스파냐어라 하더라도 5억 명이 쓰는 언어의 발음을 모두 정확히 나타내는 것은 불가능합니다. 그래서 중남미의 현실 발음을 표기에 살리는 쪽으로 에스파냐어 맞춤법을 고치자는 운동이 특히 칠레를 중심으로 19세기 초에 일어났지만 한때로 끝났고 지금은 1844년 에스파냐학술원이 만든 맞춤법을 중남미 국가 모두가 따릅니다. 에스파냐에서 만들어진 맞춤법이 중남미 지역의 현실 발음을 충분히 살리지 못하는데도 에스파냐 중심의 맞춤법을 지키려는 데 중남미 국가들이 호응하는 것은 통일된 맞춤법의 유지가 언어 공동체의 소통에 훨씬 이익임을 알아서 그렇습니다. 19세기 초반 미국의 사전편찬 자 노아 웹스터는 종주국 영국의 전통주의 맞춤법에 반발하여 표음주의 원칙으로 신생 독립국의 새로운 영어사전을 편찬했지만 이때 갈라진 두 나라의 표기법으로 같은 단어가 영국에서는 metre로 미국에서는 meter로 쓰이는 비효율적 유산만 남기고 말았습니다

일찍이 알폰소 10세 시대에 백성과의 소통을 중시한 표음주의에서 출발한 것이 에스파냐 맞춤법입니다. 하지만 일단 맞춤법이 확립된 뒤에는 어차피 시간과 함께 변할 수밖에 없는 발음에 끌려가지 않고 기존의 맞춤법을 지켜나가려는 에스파냐의 모습은 그때그때 달라질 수밖에 없는 소리를 지켜나가는 것이 맞춤법이라고 오해하면서 사이시옷에 집착하여 자의적 발음을 강요하는 한국의 모습과 달라도 한참 다릅니다.

이탈리아어의 맞춤법이 표음주의로 나아간 데에도 배경이 있습니다. 이탈리아어의 모체는 토스카나 지방의 토착어였습니다. 토스카나 지방의 중심 도시는 피렌체였습니다. 피렌체는 12세기 초 공화국을 표방한 뒤 국제 교역과 금융의 중심지로 떠올랐습니다. 피렌체의 은행들은 제노아, 베네치아 같은 이탈리아 도시는 물론이고 런던, 아비뇽, 바르셀로나,

파리, 콘스탄티노폴리스, 브뤼허 등 유럽 전역에 지사를 두고 무역금융의 선봉에 섰습니다. 상업이 발달하니 상인들이 일상 생활에서 쓰던 토스카나어가 피렌체공화국의 표준어로 자리잡았습니다.

흔히 이탈리아어는 13세기와 14세기에 피렌체를 무대로 활동한 단테, 보카치오, 페트라르카 3인방이 작품에서 쓴 글말에서 비롯되었다고 하지만 세 사람이 작품에서 쓴 말은 실생활에서 쓰던 입말이었습니다. 세 사람 모두 집안이 금융이나 무역과 관계가 깊었습니다. 단테의 아버지는 임대업자였고 보카치오의 아버지는 환전상이었고 페트라르카의 아버지는 상인이자 공증인이었습니다. 단테의 《신곡》과 보카치오의 《데카메론》에는 상인이 자주 나옵니다. 에스파냐어가 로마제국 멸망 이후 에스파냐 지역의 토착민 사이에서 쓰이던 토착어 카스티야어 입말에서 유래한 것처럼 이탈리아어의 모태가 된 토스카나어는 글말에 집착하는 학자나 성직자가 아니라 입말에 충실한 상인이 주로 쓰던 실용어였습니다. 또 이탈리아는 라틴어의 발상지였으므로 오히려 라틴어에 대한 환상이 이탈리아인에게는 적었을 겁니다. 그래서 에스파냐어에서는 라틴어 표기를 존중했던 efecto, doctrina, digno, significar, columna, examinar, excelencia, experiencia가 이탈리아어에서는 effetto, dottrina, degno, significare, colonna, esaminare, eccellenza, esperienza로 표기되었습니다. 라틴어와 가장 가까웠던 이탈리아어가 오히려 라틴어의 족쇄에서 가장 멀리 벗어나 현실 발음으로 다가섰다는 역설이 재미있습니다.

*

한국어의 특징은 명사의 결합력이 높다는 것입니다. 영어에서는 명사가 다른 명사를 수식할 때 앞에 오는 명사를 형용사형으로 만들어줘야 합니다. 그래서 '한국 친구'를 Korea friend가 아니라 Korean friend라고 해야 합니다. 프랑스인 선교사 클로드 샤를 달레 신부는 《조선교회사Histoire de l'Église de Corée》에서 프랑스어는 '봄바람'을 brise de printemps처럼 조선어 '의'에 해당하는 de를 두 명사 사이에 넣어서 '봄의 바람'이라고 하든가 아니면 수식하는 명사를 형용사형으로 고쳐서 brise printanière이라고 해야 하지만 조선어에서는 그냥 '조선말'이나 '사람귀'처럼 명사를 나열하면 그만이라고 했습니다.[16] '조선의 말'이나 '사람의 귀'라고 굳이 '의'를 넣을 필요가 없다는 뜻입니다.

물론 '촛농' '촛대' '촛불'로 간결히 말하고 쓰는 것을 탓할 일은 아닙니다. 이런 말에서는 '초의 농' '초의 대' '초의 불'

처럼 소유 관계가 분명하니까요. 그런데 '장마비'는 '장마의 비'입니까. '등교길'은 '등교의 길'입니까. '골치덩이'는 '골치의 덩이'입니까. '나이값'은 '나이의 값'입니까. 1880년에 나온 《한불자전》에서는 지금의 '촛불'조차도 '초불'이라고 적었습니다. 날이 갈수록 세상이 각박해지면 말이라도 덜 각박하게 쓰려고 일부러라도 애써야 하지 않을까요. 그런데 왜 발음에 아무 문제가 없어 보이는 나라일과 나라빛을 '나랏일'과 '나랏빛'이라고 굳이 힘주어 끊어읽으라는 것인지 모르겠습니다. 지금의 한글 맞춤법에 따르면 막내동생은 '막냇동생'으로 적어야 합니다. 그런데 '막냇동생'은 '막내의 동생'이란 뜻이 아닐까요. 막내보다 어린 동생이 '막냇동생' 아닐까요. 이렇게 모호한 '막냇동생'보다는 차라리 더 소리 나는 대로 적어서 '망내똥생'이라고 적어도 괜찮지 않을까요.

사이시옷을 마구 쓰는 바람에 어렵게 살려낸 접사가 망가지기도 합니다. 접사 '숫-'은 숫눈, 숫백성, 숫사람, 숫색시처럼 더럽혀지지 않은 깨끗함을 나타내는 말이었고 '수-'는 수컷을 나타내는 뜻이었지만 숫소, 숫염소, 숫다람쥐처럼 사이시옷을 남발하는 바람에 '숫-'이 묻혀버리고 말았습니다. 숫사랑, 숫땅처럼 얼마든지 넓혀쓸 수 있는 말인데 말이지요. 숫소, 숫염소, 숫다람쥐라고 할 것이 아니라 사이시옷을 아껴 수소, 수염소, 수다람쥐처럼 '수-'를 지키면서 '숫-'을 침

범하지 말았어야 하지 않을까요.

글이 소리를 따라가기만 하는 것이 아닙니다. 글이 소리를 이끌기도 합니다. 앞에서 살펴본 대로 중세 프랑스에서는 avantage라고 적었지만 르네상스 이후 고전어의 흔적을 밝히려고 advantage라고 적자 d의 발음까지 살아났습니다. 표기가 이렇게 무섭습니다. 사이시옷을 남발하면 사이시옷이 굳어져서 자기 존재를 더욱 정당화하려들 겁니다. 한국어는 더욱 각박해지겠지요. 한국인도 외국인도 사이시옷을 '신주단지'가 아니라 '신줏단지'처럼 떠받들어야 하는 날이 곧 닥칠 겁니다.

사이시옷은 한국어를 배우는 외국어 학습자에게 높은 문턱으로 다가옵니다. '나무'의 뜻도 알고 '잎'의 뜻도 아는 외국인에게 왜 두 단어 사이에 사이시옷을 붙여야 하는지 어떻게 납득시킬 수 있을까요. 일전에 한 예능 프로에서 한국어에 능통한 한 외국인이 나뭇잎이라는 표기를 읽으면서 "나뭇잎아 사이시옷 때문에 고생이 많구나" 하고 웃었던 기억이 납니다.

한 세기 전 서양 선교사들이 한글에 띄어쓰기를 도입한 것은 글의 문턱을 낮추고 싶어서였습니다. 맞춤법을 지키려는 것도 글의 문턱을 낮추려는 이유가 컸습니다. 영어 맞춤법이 어원주의 원칙을 기둥으로 삼은 것은 이미 어원 중심으로 굳

어진 기존의 맞춤법을 고수하는 것이 가독성을 높이고 글의
문턱을 낮추는 것이라고 믿어서였습니다. 에스파냐어 맞춤
법이 표음주의 원칙을 기둥으로 삼은 것은 되찾은 땅에서 뿌
리내리고 살 백성과 소통하려면 백성의 입말에 가까운 표기
를 표준말로 삼아 글의 문턱을 낮추어야 한다고 믿어서였습
니다. 반면 표기는 발음에 가깝게 적어야 한다며 사이시옷을
들이미는 한글 맞춤법은 이미 밝혀낸 뜻씨를 허물어뜨리면서
글의 문턱을 오히려 높입니다. 사이시옷을 써야 하나 말아야
하나 고민하느라 보통 사람이 글쓰기를 더 두려워하도록 만
듭니다. 글쓰기가 무서워지는 또 하나의 이유는 띄어쓰기 탓
입니다. 다음 장의 주제는 '띄어쓰기'입니다.

9장

띄어쓰기

조선에 살던 외국인들이 조선에 관한 정보를 공유하려고 낸 월간 소식지 〈조선총보 The Korean Repository〉 1896년 3월호에서 한 외국인은 쉼표와 띄어쓰기가 없는 언문을 외국인이 읽어야 하는 어려움을 토로하면서 조선인조차 어처구니없는 오독을 할 때가 있다고 지적했습니다. 가령 《삼국지》를 읽으면서 "장비가말을타고"라는 대목을 "장비가 말을 타고"로 읽지 않고 "장비 가마를 타고"로 잘못 읽더라는 것이지요. 《삼국지》는 그나마 익숙한 내용이라 띄어쓰기가 없어도 줄줄 읽어나가는 데 큰 문제가 없을지 몰라도 조선어를 익힌 외국인 선교사가 조선어로 쓰는 책에는 완전히 새롭고 생소한 단어와 구절이 대폭 들어갈 텐데 띄어쓰기를 안 해주면 조선인이 새 책을 잘 읽지 못하는 게 이상한 것이 아니라

책을 읽을 수 있다는 사실 자체가 이상할 정도라고 필자는 꼬집었습니다.[17]

한글은 어느 나라 글자보다도 익히기 쉬웠지만 띄어쓰기 없이 새로운 정보를 한글에 담았을 때 조선인이 더듬거리기 일쑤라는 사실은 외국인 선교사들에게 잘 알려진 사실이었습니다. 〈조선총보〉 1892년 3월호에서 로스와일러라는 선교사는 조선 여학생들이 한글을 금세 익힌 줄 알았는데 알고보니 한글로 옮겨진 〈마가복음〉을 제대로 읽지 못하더라고 지적했습니다.[18]

조선 여학생들에게 복음서가 익숙한 내용이 아니어서였습니다. 외국인 선교사는 낯선 고사성어가 불쑥불쑥 튀어나오는 《삼국지》를 띄어쓰기 없이 읽어야 했을 때 난감했겠지만 조선 학생도 낯선 기독교 어휘가 곳곳에 박힌 성서를 어디에서 끊어읽어야 할지 곤혹스러웠겠지요. 낯선 내용이 담긴 글을 띄어쓰기 없이 잘 못 읽는 것은 외국인이나 조선인이나 다를 바가 없었습니다.

아일랜드 수사들이 7세기 말 서양에서 처음으로 띄어쓰기를 한 것도 띄어쓰기를 하지 않으면 낯선 라틴어와 그리스어를 정확히 끊어읽기가 어려워서였습니다.[19]

고대 로마인에게도 그리스어는 중요했습니다. 하지만 그리스어를 글로 가르친 것이 아니라 원어민을 통해 말로 가르쳤습니다. 글로 배우는 외국어가 아니니 그리스어를 띄어쓰기로 익히지 않아도 됐습니다. 하지만 7세기 말 아일랜드인이 라틴어나 그리스어 원어민을 만날 가능성은 희박했습니다. 외국어를 글로 배울 때는 띄어쓰기가 있어야 배움의 문턱이 낮아졌습니다. 유럽에서 띄어쓰기가 제일 늦게 자리잡은 나라는 이탈리아였습니다. 그 까닭은 이탈리아어가 라틴어와 워낙 가깝다보니 띄어쓰기를 하지 않아도 가독성에 큰 어려움을 느끼지 않아서였습니다. 낯선 글자와 낯선 내용일수록 띄어쓰기를 해야 가독성이 올라감을 알 수 있습니다.

중국어도 일본어도 띄어쓰기를 하지 않습니다. 그런데도 새로운 내용이 담긴 글을 중국인과 일본인이 파악할 수 있는 것은 한자의 강한 표의성에 힘입어서입니다. 한국어에서도 예전처럼 한자를 섞어쓴다면 굳이 띄어쓰기를 안 해도 될 겁니다. 하지만 한글 전용이 글의 문턱을 낮추는 데 여러모로 유리하므로 한국어에는 띄어쓰기가 필요합니다. 가령 '잘못알아보았다'고 붙여쓰면 알아보긴 알아보았는데 틀리게 알아본 것인지(잘못 알아보았다) 불분명해서 무엇인지 못 알아본 것인지(잘 못 알아보았다) 모호해지니까요.

하지만 한국어의 띄어쓰기 의존도는 유럽어보다 훨씬 낮습니다. 한글도 영어나 프랑스어처럼 소리를 자음과 모음으로 정밀하게 나타내는 알파벳 글자지만 중요한 차이가 있습니다. 유럽어에서는 '늘어쓰기'를 하지만 한국어에서는 '모아쓰기'를 합니다.

1. UNREPORTONSCIENCEANDTECHNOLOGYFORDEV
ELOPMENT

2. unreportonscienceandtechnologyfordevelopment

3. 유엔과학기술발전위원회보고서

1은 대문자로만 글을 이어쓰기하던 고대 로마의 표기 방식이고 2는 유럽에서 9세기에 도입된 소문자 표기 방식입니다. 그리고 3은 한글 표기입니다. 셋 모두 떼어쓰기를 안 했지만 3의 가독성이 가장 뛰어납니다. 하나의 음절을 이루는 자음과 모음을 네모꼴 안에 모아서 앞뒤 음절과 뚜렷이 구별짓는 한글의 특성 덕분이지요. 십자군전쟁 당시의 이슬람 지도자 알아딜을 알라딜로 잘못 읽지 않도록 알파벳에서는 Al-Adil처럼 중선을 넣지만 한글은 안 그래도 됩니다. 이런 특성은 1880년 프랑스 선교사들이 낸 《한불자전》에서 '인가보다'라는 조선어의 발음을 알파벳으로 적으면서 IN-KA-PO-TA처럼 중선으로 음절 사이를 끊어야 했다는 점에서도 드러납니다. 알파벳은 늘어쓰기를 하기에 중선으로 끊지 않으면 음절의 경계가 모호해집니다. 그래서

INKAPOTA라고 중선 없이 늘어놓으면 '인갑오다'로 읽을 수도 있고 '인가봍아'로 읽을 수도 있습니다. 한글은 모아쓰 기를 하기에 음절의 구분선이 분명합니다. 따라서 영어 알파 벳보다 한글의 띄어쓰기 의존도도 훨씬 낮아집니다.

하지만 자주 같이 쓰는 말들은 시간이 흐르면 영어에서 도 자연스럽게 달라붙습니다. anybody와 anyone은 원 래 any body와 any one처럼 띄어썼습니다. itself도 전에 는 it self라고 띄어썼습니다. indeed도 원래는 in deed로 썼습니다. 미국의 시사주간지 〈Newsweek〉의 원래 이름은 〈News-Week〉였습니다. 하지만 영어는 고유명사를 띄어쓰 는 데 익숙합니다. 그래서 New York과 New Zealand는 300 년 전에도 New York과 New Zealand라고 썼습니다. 한때 는 New-York과 New-Zealand로 중선을 넣어주기도 했지 만 곧 띄어쓰기로 돌아갔습니다.

*

하나의 고유명사를 이루는 여러 단어를 영어에서 띄어써 도 괜찮은 것은 대문자를 쓸 수 있어서입니다. new York 라고 하면 면모를 일신한 영국의 원조 '요크'를 가리키지만 New York라고 하면 영국의 '요크'에 향수를 품은 사람들이

붙인 '뉴욕'이라는 완전히 다른 도시임이 분명해지니까요. 하지만 한국어는 대문자, 소문자가 없으므로 고유명사를 붙여 써야 합니다. 그래서 '증권 거래가 위축되었다'고 할 때의 '증권'과 '거래'는 보통명사이므로 띄어쓰지만 세상에 하나뿐인 고유명사 '한국증권거래소'는 붙여써야 합리적입니다.

Roman Empire는 세상에서 유일무이한 고유명사이므로 '로마 제국'이 아니라 '로마제국'이라고 써야 이치에 맞습니다. Holy Roman Empire도 '신성 로마 제국'이 아니라 '신성 로마제국'으로 붙이는 쪽이 바람직합니다. religious reform 은 유럽에서도 인도에서도 중국에서도 한국에서도 일어날 수 있는 개혁이고 reform은 종교뿐 아니라 an economic reform처럼 경제 분야에서도 일어날 수 있는 개혁이므로 religious reform은 '종교 개혁'이라고 띄어쓰는 쪽이 좋습니다. 하지만 대문자로 시작하는 고유명사 Reformation은 근대 유럽에서 딱 한 번 일어난 사건을 가리키므로 '종교개혁'이라고 붙여써야 이치에 맞습니다.

프랑스에서는 혁명이 여러 번 일어났습니다. 그래서 '프랑스 혁명의 특징'이라고 하면 1789년에 일어난 대혁명의 특징을 가리키는 것인지 1789년에도 일어났지만 1830년에도 1848년에도 1871년에도 일어났던 프랑스 혁명들의 공통점을 가리키는지가 모호합니다. 1789년에 일어난 French

Revolution을 가리키는 것이라면 '프랑스혁명'처럼 붙여줘야 합니다. 그리고 July Revolution of 1830도 1830년의 '7월혁명'처럼 붙이는 쪽이 합리적입니다. Russian Revolution도 '러시아 혁명'이 아니라 '러시아혁명'이라야 러시아에서 특정 시기에 일어났던 일회적 사건의 독보성이 드러납니다. Second World War를 '이차 대전'이라고 하면 '이차대전'의 유일무이성이 약화됩니다.

보통 '성전기사단'으로 번역되는 Knights Templar의 정식 영어 명칭은 Poor Fellow-Soldiers of Christ and of the Temple of Solomon인데 이름이 아무리 길어도 고유명사이므로 '그리스도와솔로몬성전의가난한전우회'라고 붙이는 쪽이 합리적입니다. '천주교정의구현전국사제단'의 정식 명칭을 붙여쓰는 것과 일맥상통합니다. 미국의 포크 그룹 Peter, Paul and Mary를 이룬 세 사람은 개인으로서는 따로 존재하지만 그들이 이룬 노래패는 하나입니다. 그래서 '피터 폴 앤 메리'라고 하기보다는 '피터폴앤메리'라 해야 이치에 맞습니다.

'진실과화해를위한과거사정리위원회'라는 기구 이름을 왜 붙여서 썼을까요. 만약 '진실과 화해를 위한 과거사 정리위원회'라고 했으면 앞의 '진실과 화해를 위한'을 그냥 '과거사 정리위원회'를 꾸미는 관형구로 오독하지 않았을까요. 실제 문맥에서는 그런 상황이 비일비재했을 겁니다. 그래서 한국어 고유명사는 붙여써야 합니다. 서양어에서는 붙여쓰기를 하면 오독 가능성이 높아지는데 한국어에서는 띄어쓰기를 하면 오독 가능성이 높아집니다. 그런데 이런 원칙을 끝까지 따지지 않았기 때문에 '진실과화해'가 아니라 '진실·화해'로 중점을 찍고 조사 '과'를 빼버렸습니다. 이것은 어중간한 타협이고 편법입니다. 붙여쓰기를 하면 오독 가능성이 사라지므로 굳이 '과'를 뺄 이유가 없습니다. 약칭으로는 '진실화해위원회'라고 쓸지언정 정식 명칭은 '진실과화해를위한과거사청산위원회'라고 얼마든지 써도 됩니다. 적어도 한국어를 모국어로 쓰는 사람은 혼동할 가능성이 없으니까요.

*

고유명사만 붙여쓰는 것이 아닙니다. 같이 어울려 쓰이는 말들은 자연스럽게 달라붙습니다. 《표준국어대사전》에 죽을병, 우는소리, 식은땀, 목매달다, 귀담아듣다, 피맺히다, 눈멀다, 잘살다, 못살다, 잘나가다, 잘되다, 오래되다, 힘들다, 생각나다가 표제어로 당당히 오른 것은 그래서입니다. 흘러들다, 모여들다, 찾아다니다도 같은 이유로 표제어가 되었습니다. 그렇다면 흘러내려가다, 모여서다, 찾아나서다도 표제어에 올라야 하지 않을까요. 똑같이 붙여써야 하지 않을까요. 들고일어나다가 표제어로 올랐다면 들고일어서다도 표제어로 올라야 하지 않을까요. 떼어먹다를 붙여써야 한다면 벗겨먹다도 붙여쓸 수 있어야 하지 않을까요. 걸어가다, 날아가다는 붙이는데 타고가다, 쉬어가다, 스쳐가다, 끌고가다, 업혀가다, 실려가다는 왜 띄어야 한단 말인가요.

원래 한글은 띄어쓰기를 하지 않았다는 점을 잊어서는 안 됩니다. 글의 문턱을 낮추려고 띄어쓰기를 했을 뿐입니다. 그런데 띄어쓰기 자체가 하나의 족쇄가 되어서 글쓰기를 억압하는 기제가 된 것은 아닌지 걱정스럽습니다. 본말이 전도된 것이 아닌지 우려스럽습니다.

'글솜씨'와 '말솜씨'를 붙여쓸 수 있다면 '요리솜씨'도 '노래솜씨'도 '춤솜씨'도 붙여쓸 수 있어야 합니다. '토막광고'를 붙여쓸 수 있다면 '토막기사'도 '토막소식'도 '토막정보'도 붙여쓸 수 있어야 합니다. '재미있다'를 붙여쓸 수 있다면 '의미있다'도 '관심있다'도 붙여쓸 수 있어야 합니다. '재미있는'과 '재미있게'를 붙여쓸 수 있다면 '의미있는'과 '의미있게'도 붙여쓸 수 있어야 합니다. '정의하다'를 붙여쓴다면 '정의내리다'도 붙여야 마땅합니다. '조각나다'를 붙여쓴다면 '구멍나다'도 '상처나다'도 붙여써야 합니다. '들고나가다'와 '들고나오다'를 붙여쓰는데 '들고 다니다'는 왜 띄어써야 한다는 겁니까.

한글의 풍부한 어미만 하더라도 그렇습니다. '–나보다'와 '–나 보다'는 뜻이 엄연히 다릅니다. '댁이 내 피를 얼어붙게 했나보죠'라는 문장은 '당신한테 쫄아서 내 피가 얼어붙은 듯하다'는 뜻입니다. 반면 '댁이 내 피를 얼어붙게 했나 보죠'는 '당신한테 쫄아서 과연 내 피가 얼어붙었는지 안 얼어붙었는지 한번 확인해보자'는 뜻입니다. 글이 아니라 말로 소통할 때 앞의 문장에서 '했나보죠'는 그대로 흘러나오지만 뒤의 문장에서 '했나 보죠'는 '나'와 '보' 사이에서 잠시 쉬어 갑니다. 이렇게 쉬어가고 안 쉬어가고의 차이를 글로 드러내라고 띄어쓰기와 붙여쓰기를 하는 겁니다.

1880년에 간행된 《한불자전》에는 '인가보다'가 표제어로 나오고 풀이는 C'est probablement(Premier Appendice, p. 56)로 나옵니다. '인가'와 '보다'가 분리되지 않고 '인듯하다'로 미분화된 뜻을 프랑스어 풀이는 온전히 담아냈습니다. '인가보다'를 띄지 않고 한달음에 내리적은 것이 그래서 직관적으로 잘 와닿습니다.

그런데 맞춤법 규정에 따르면 눈으로 본다는 뜻이 아니고 시도를 뜻하는 '보다'는 보조용언이랍니다. 그리고 보조용언 '보다'는 그 앞의 진짜 용언이 '–어'로 이어질 때만 붙여쓸 수 있답니다. 그래서 '먹어보다'는 붙여쓸 수 있지만 '먹나 보다'는 띄어써야 한답니다. 하지만 '먹어보다'의 '보다'도 '먹나보다'의 '보다'도 눈으로 직접 확인하는 '보다'가 아니라는 점에서는 같습니다. 앞의 '보다'는 시도의 뜻이고 뒤의 '보다'는 짐작의 뜻이라는 점에서만 조금 다릅니다. 시도의 '보다'도 짐작의 '보다'도 앞의 용언을 돕는다는 데에서는 똑같이 보조용언입니다. '먹어보다'를 붙여쓸 수 있다면 '먹나보다'도 붙여쓸 수 있어야 합니다. 그래야 일관성이 있습니다.

유튜브에는 자막을 소리로 자동 변환해서 띄우는 방송이 많습니다. 그런데 사람이 읽으면 자연스럽게 붙여읽을 내용을 자동 변환 프로그램이 띄어읽는 바람에 어색해질 때가 있습니다. 가령 '전 그때를 제 연주 생활의 시작으로 봐요' 하는 대목에서 자동 변환 음성은 '시작으로'와 '봐요' 사이를 띄었고 이것은 자연스럽게 들렸습니다. 하지만 뒤이어 '당시 부모님께서는 그냥 제 취미 생활이라고 생각하셨나 봐요'에서는 '생각하셨나'와 '봐요' 사이를 띄어읽으니까 어색하게 들렸습니다. '-나보다'를 하나의 어미로 받아들여야 하는 또 하나의 이유입니다.

일관성의 결여는 '싫어 하다'와 '싫어하다'에서도 드러납니다. 맞춤법에 따르면 '싫어 하다'는 띄어써야 하지만 '싫어하다'는 붙여써야 한답니다. '-어하다'라는 어미의 성격을 제대로 알면 하기 어려운 주장입니다. '-어하다'는 형용사를 동사로 바꿔주는 어미입니다. '좋다'는 형용사이지만 '좋아하다'는 동사입니다. '싶다'에 해당하는 영어 want는 동사이지만 한국어 '싶다'는 형용사입니다. 동사는 동작을 나타내고 형용사는 상태를 나타냅니다. 한국어는 같은 욕망이라도 나의 욕망과 남의 욕망을 구별합니다. 나의 욕망은 나의 심적 상태입니다. 그래서 나의 욕망은 형용사로 나타냅니다. 그래서 '나는 여행을 가고 싶다'고 말합니다. 하지만 남의 욕망을 나는 직접 안에서 느낄 수 없습니다. 남의 욕망을 나는 겉으로 드러나는 남의 동작으로만 알 수 있습니다. 그래서 '그는 여행을 가고 싶어한다'고 말합니다. '-어하다'는 형용사를 동사로 바꿔주는 어미로 일관되게 써주어야 마땅합니다. '싶어 하다'는 띄고 '싫어하다'는 붙여야 한다는 것은 이중잣대입니다. '싶어 하다'가 맞다면 '부러워 하다'도 '즐거워 하다'도 '두려워 하다'도 맞아야 합니다. 하지만 표준국어대사전에는 '부러워하다' '즐거워하다' 두려워하다'가 표제어로 올라가 있습니다. 자기모순이 아닐 수 없습니다.

*

모호한 문장을 피하려고 서양 선교사들이 주도해서 받아들인 것이 띄어쓰기입니다. 그런데 과도한 띄어쓰기는 문장을 오히려 모호하게 만들기 일쑤입니다. "줄을 끊어 버렸다"는 문장은 '줄을 끊어서 버렸다'는 뜻입니까 '줄이 성가셔서 아예 잘랐다'는 뜻입니까. 지금의 맞춤법에서는 '버리다'를 보조용언이라고 부르면서 보조용언도 하나의 단어이므로 띄어쓰는 것이 원칙이지만·연결어미 '어' 다음에 올 때는 붙여쓰는 것도 허용한답니다.

'버리다' '보다' '대다' '내다' '가다' '오다' '두다' '놓다' '쌓다'는 '먹어버리다' '기다려보다' '울어대다' '만들어내다' '완성되어가다' '벌여오다' '막아두다' '읽어놓다' '놀려쌓다'처럼 '아/어' 다음에만 옵니다. '아/어'는 한국어 동사 어간에 붙어서 다른 동사와 이어주는 접착제 노릇을 하는 연결어미입니다. 일반동사로 쓸 때의 '버리다'가 즉물적 의미를 띠고 이른바 보조동사로 쓸 때의 '버리다'가 추상적 의미를 띤다는 차이는 있겠지만 보조동사 '버리다'를 굳이 띄어써야 할 이유는 없습니다. 뜻이 통하는 동사들 특히나 연결고리 노릇을 하는 '아/어'로 엮이는 말들은 붙여써야 합니다. 하나의 연속된 행동이 아니라 별개의 행동임을 나타내고 싶으면 '줄을 끊어서 버렸다'처럼 '서'를 덧붙여서 구별해주면 됩니다. 기존의 맞춤법에서는 '아/어'로 연결되는 본동사와 보조동사를 붙여쓸 수 있다고 하면서도 너무 길면 띄어써야 한다고 토를 답니다. 그래서 '떠들어댄다' '나가버렸다'는 되지만 '매달아놓는다' '잡아매둔다'는 안 된답니다. 첫단추를 잘못 꿰는 바람에 예외에 예외가 겹치면서 글쓰기의 문턱이 자꾸 높아집니다. 애당초 띄어쓰기를 한 목적은 유럽에서도 한국에서도 글쓰기의 문턱을 낮추려던 것이었는데 말이지요.

프랑스인 선교사 클로드 샤를 달레는 1874년에 낸 《조선교회사》(88쪽)에서 조선어의 특징으로 복합동사가 많다는 점을 들었습니다. 그러면서 '가져오다'와 '가져가다'를 예로 들었습니다. 달레에 따르면 앞동사 '가져'는 '가지다'의 과거분사형이며 모습이 안 바뀌며 활용하는 것은 뒤동사 '오다'와 '가다'입니다. 프랑스어에는 전치사가 많지만 조선어에서는 동사와 동사가 달라붙는 이런 복합동사가 전치사의 역할을 해낸다고 달레는 지적합니다. 달레가 예로 든 '가져오다'는 가령 어떤 물건을 물리적으로 가지고 온다는 뜻이지만 어떤 생각을 줄곧 해왔다는 뜻으로서 '가져오다'도 굳이 '가지다'라는 본동사와 '오다'라는 보조용언의 결합체로 볼 것이 아니라 독립된 두 동사가 특별한 뜻을 나타내느라 달라붙은 복합동사로 봐서는 안 된다는 법이 없습니다.

뜻이 통하는 동사들은 붙여쓸 수 있어야 합니다. '한평생집을 지어올려온 목수' '마음 한구석에 집어넣어두어온 아픈 기억'이라고 썼다가 띄어쓰기 못했다고 지적받을까봐 가슴 졸이지 않고 자신있게 글을 쓸 수 있도록 글의 문턱을 낮취가야 합니다. 실은 방금 앞문장에 있던 '지적받을까봐'도 지금의 맞춤법에 따르면 '지적받을까 봐'라고 써야 한답니다. '지적받다'가 본동사이고 '봐'는 보조동사이므로 띄어써야 한다는 것이지요. 'ㄹ까봐'는 어떤 일이 벌어지는 상황을 걱정하는 마음을 나타내는 어미로 보아야 합니다. '봐'가 이른바 보조동사라면 '먹어버리고' '먹어버리다가' '먹어버리는'처럼 '버리다'가 독자적으로 어미를 거느릴 수 있어야 하는데 'ㄹ까봐'의 '봐'는 그렇지 못합니다.

하나의 관념을 나타내는 외국어 단어도 붙여써야 합리적입니다. incomprehensible은 '이해 불가능한'이라고 굳이 띌 필요가 없습니다. '이해불가능한'이나 '이해불가한'이라고 해주면 됩니다. indispensable도 '필수 불가결한'이 아니라 '필수불가결한'이라고 붙여써도 되어야 합니다. viable, irreplaceable도 '실현가능한' '대체불가능한'이라고 띄지 않고 단숨에 적어내려갈 수 있어야 합니다.

마지막으로 숫자 띄어쓰기를 짚어봅니다. 지금의 맞춤법에 따르면 원칙에서도 붙여쓰는 것을 허용하고 있습니다. 숫자를 아라비아 숫자로만 적지 않고 한글로만 적거나 한글과 아라비아 숫자를 섞어쓸 때는 만 단위로 띄어줘야 한답니다. 그래서 가령 45000명은 '4만 5천 명'이라고 써야 한답니다. 한 숫자인데 왜 4만과 5천을 띄어야 하는지 모르겠습니다.

'만' 다음에는 아라비아 숫자 5가 이어지고 모습도 확연히 다르므로 굳이 띄어쓸 이유가 없는데 말이지요. 이런 것이 불필요한 원칙 아닐까요.

한 세기 전 외국인 선교사들은 띄어쓰기 원칙이 없는 조선어를 익히면서 어려움을 겪었지만 지금의 외국인 학습자들은 어설픈 띄어쓰기 원칙이 강요되는 한국어를 익히느라 어려움을 겪습니다. 맞춤법은 글의 소통을 돕는 조역에 머물러야 하는데 어설픈 문법 분석으로 오히려 글의 소통을 어지럽히면서 글 위에서 군림하는 것이 지금의 띄어쓰기 원칙이 아닐까요. 띄어쓰기는 새로운 정보를 쉽고 정확하게 받아들일 수 있도록 돕습니다. 하지만 띄어쓰기는 어디까지나 조역임을 알아야 합니다. 시어머니 노릇을 해서 글의 문턱을 높여서는 곤란합니다. 띄어쓰기 원칙은 쉽고 명쾌하고 유연해야 합니다.

10장

번역가와 문장가

　영어 번역을 하다보면 건물 이름과 자주 만납니다. 이를테면 Elizabeth Hall 같은 이름을 어떻게 번역할까요. 언뜻 떠오르는 단어가 없습니다. 한 영한사전은 hall을 이렇게 풀이합니다. '홀, 집회장, 오락실, 현관, (대학의) 특별 회관, 강당, 기숙사, 학부, 학과, (대학의) 식당, 지주의 저택, (중세의) 장원 영주의 저택.' 내 의식으로 아직 떠오르지는 않았지만 잠재의식 속에 박힌 정답과는 거리가 멉니다. 이번에는 다른 영한사전을 뒤집니다. '현관, 현관의 큰 방, 로비, (공공의) 건물, (그 속의) 크고 넓은 방, (조합, 협회 따위의) 사무소, 본부, 회관, 회당, 홀, 흥행장, (대학의) 교사, 강당, 집회당, 대식당, 학료, 학부, (대지주의) 저택, (그 속의) 크고 넓은 방.' 역시 내가 무의식적으로는 알지만 의식적으로는 아직 모르는 '그'

단어는 이 사전에도 없습니다.

저는 '그' 단어를 한 대학 안을 걷다가 찾아냈습니다. 대학 구내 건물 표지판에 적힌 영문을 보니 헬렌관을 Helen Hall로, 본관을 Main Hall로 풀이했습니다. 저를 고민에 빠뜨렸던 Elizabeth Hall이라는 가상의 영국 건물 이름은 한국에 와서야 '엘리자베스관'이라는 훌륭한 이름을 얻을 수 있었습니다. 저는 '-관'이라는 접미사가 hall만이 아니라 center나 building이 들어간 영문을 번역하는 데 요긴하게 쓰일 수 있다는 사실도 깨달았습니다. 제가 잠시 묵었던 기숙사 바로 옆에 있는 이화알프스어린이관의 영어 이름은 Ewha-ALPS Children's Center였고 국제교육관의 영어 이름은 International Education Building이었습니다. 물론 한국에서 나오는 그 어떤 영한사전에도 '-관'은 center와 building의 풀이어로 나오지 않습니다. 현실적으로 '-관'은 center와 building에 대응하는 풀이어로 한국에서 쓰이는데도 말입니다.

저는 대학 근처의 한 식당에서도 기존의 영한사전에 안 나오는 뜻풀이를 하나 발견했습니다. 식당에서 파는 고기의 원산지를 밝힌 식단에 '국내산'이라고 적혀 있었습니다. 만약 제가 번역을 하다가 domestic beef라는 표현을 만났다면 이것을 어떻게 번역했을까요. 영한사전에는 domestic은 '국산의'로 보통 나옵니다. 하지만 저는 국산 소고기라고 옮기지는 않았을 겁니다. '국산'은 왠지 공산품에만 어울리는 느낌이 드니까요. 하지만 국내산 소고기라는 적확한 표현을 찾아내는 데는 애를 먹었을 겁니다. 저는 저만의 사전에다가 domestic이라는 항목의 풀이어로 '국내산'을 적어넣었습니다.

어떻게 이런 새로운 풀이어를 찾아냈을까요. 그저 주변에 붙어 있던 표지판과 식단을 유심히 관찰한 덕분이었습니다. 그런데 왜 기존의 영한사전에서는 한국어 현실에서 엄연히 쓰이는 이런 풀이어를 찾아보기 어려운 것일까요. 한국의 영한사전은 한국어 현실에 별로 관심이 없는 듯합니다.

한국의 영한사전은 한국어 현실은 물론이거니와 자기가 만든 한영사전에도 별로 관심이 없어 보입니다. 건물을 나타내는 '-관'이 표제어로 나오는 한영사전도 있습니다. 그 한영사전에서는 hall을 풀이어로 내놓았습니다. 하지만 같은 출판사의 영한사전에서는 '-관'을 hall의 풀이어로 내놓지 못했습니다. 영한사전을 만들면서 자기 회사에서 만든 한영사전만 참조했어도 '-관'은 영한사전의 표제어 hall의 풀이어로 가볍게 들어갔을 겁니다. 이런 예가 많습니다. '빗장뼈'를 한 한영사전에서 찾으면 collarbone으로 나오지만 같은 출판사에서 만든 영한사전에서 collarbone을 찾으면 '쇄골'

로만 나옵니다. 영일사전에도 물론 쇄골에 해당하는 한자어로 나옵니다. 영한사전을 만들면서 한국어 현실에서 말을 뒤지기보다 일본에서 만든 영일사전에 관심이 더 많았던 출판사가 너무 많아서 벌어진 일입니다. 그래서 vendor는 '행상'으로 풀이해야 한국어 현실에 맞는데도 영한사전에는 아직도 하나같이 '행상인'으로 나옵니다. 영일사전에 '행상인'으로 나와서 그렇습니다. 서양인이 만들었던 초창기의 영한사전은 오히려 영일사전에 안 기대고 조선어 현실에서 풀이어를 찾으려고 애썼습니다. 그래서 1925년에 나온 호러스 그랜트 언더우드의 영한사전 재판에는 '행상'으로 나옵니다. 좋은 풀이어를 찾으려면 평소에 한영사전도 틈틈이 뒤지는 버릇을 들이는 것이 좋습니다.

*

국어사전에도 보석 같은 단어가 많이 숨어 있습니다. 국어사전은 남영신이 엮은 《한플러스 국어대사전》이 독보적입니다. 일본에 기대지 않고 자력으로 만든 거의 유일한 한국어 사전입니다. pituitary gland를 영한사전에서 찾으면 보통 '뇌하수체'로 나옵니다. '뇌하수체'를 남영신 국어사전에서 찾으면 '골밑샘'으로 다듬어져 있습니다. thyroid gland는 영한사전에 '갑상선'으로 나오는데 '갑상선'을 남영신 국어사전에서 찾으면 '목밑샘'으로 다듬어져 있습니다. 뇌하수체와 갑상선을 모르는 사람이 어디 있느냐고요? 아이들은 잘 모릅니다. 그리고 골밑샘과 목밑샘은 간결함과 명료함에서도 뇌하수체와 갑상선을 압도하는 좋은 말입니다. 영한사전의 풀이어로 당연히 올라갈 자격이 있는 말입니다.

'군말' '군소리' '군식구' '군살'처럼 접사 '군-'으로 시작되는 말을 국어사전에서 읽어내려가다가 '군란'이라는 단어와 마주쳤습니다. 예전에 작가 최인훈의 소설을 읽다가 5·16 쿠데타를 5·16 군사반란으로 표현하는 것을 보고 무릎을 쳤던 적이 있습니다. 그런데 군란은 군사반란보다 더 간결합니다. 생각해보니 군란은 이미 잘 아는 단어였습니다. '임오군란'에 붙은 군란이었습니다. 물론 군란과 군사반란은 뜻둘레가 다릅니다. 군란은 현대적 맥락에서 쓰기가 어렵습니다. 그러나 역사 소설에서는 얼마든지 써먹을 수 있습니다. 역사 소설에서는 군사반란이라고 하면 오히려 어색할 수가 있습니다.

'군뢰'라는 말도 국어사전에 있었습니다. 헌병에 해당하는 조선어였습니다. 엄연히 쓰이던 말입니다. '군뢰'를 한자어로 변환하면 바로 해당 한자어가 뜹니다. 영국을 무대로 한 역사 소설을 번역한다고 합시다. 올리버 크롬웰의 청교도 의회

군과 찰스 일세의 왕당파가 맞붙은 영국 내전 당시 왕당파 군대가 의회군을 포로로 붙잡아 문초하는 장면이 나온다고 합시다. 이때 감옥을 지키는 군인을 '헌병'이라고 부를 수는 없습니다. '옥리'라고는 부를 수 있을지 모르지요. 그러나 옥리는 군인보다는 하급 관리에 가까운 느낌을 줍니다. '감시병'이라는 포괄적인 이름도 무난하긴 합니다. 그러나 지금은 안 쓰이지만 한때는 펄펄 살아서 숨쉬던 '군뢰'라는 말을 되살리는 것도 괜찮지 않을까요. 독자가 못 알아들으면 어떻게 하냐고요. '옥을 지키던 군뢰'라고 설명을 덧붙이면 되지 않을까요.

영한사전 편찬자가 국어사전을 열심히 뒤지지 않는 것처럼 국어사전 편찬자도 영한사전을 별로 들여다보지 않는 듯합니다. 영한사전은 epicycle을 '주전원'으로 풀이합니다. 작은 원운동을 한다는 뜻을 가진 천체학 용어입니다. 그런데 국어사전에는 '주전원'이 안 나옵니다. 일본 영일사전에도 epicycle은 한자어 '주전원'으로 나오지만 역시 일본 국어사전에는 '주전원'이 안 나옵니다. 일본어에서도 한국어에서도 천체학 용어로 확립된 '주전원'이라는 단어가 설마 일본 국어사전에 안 나온다는 이유로 한국 국어사전에서도 외면받는 것은 아니겠지요.

다른 외국어 두말사전을 많이 찾아도 번역에 도움이

됩니다. 'He was silent for a while, and I felt that he unobtrusively watched me from the corner of his shrewd eyes.' 이 문장을 번역할 때 shrewd를 처리하기 힘들었습니다. 영한사전에는 '약삭빠른' 정도의 부정적 뜻으로 풀이되었습니다. 하지만 제가 번역하던 책에서는 긍정적 맥락으로 쓰인 말이었습니다. 영불사전에서 shrewd를 찾았더니 perspicace로 나왔고 불한사전에서 perspicace를 찾았더니 날카로운, 예리한, 총명한 같은 좋은 표현이 있었습니다. 또 예문에는 '총기 있는'이라는 풀이어도 있었습니다. 바로 제가 찾던 표현이었습니다.

영독사전의 도움을 받은 적도 있습니다. 이런 문장과 만난 적이 있습니다. 'I must leave this town on the coast and head inland, to that other ocean with its luminous, dun-coloured waves, an ocean of olive trees marching up the hillsides like a burning vision, the parched river-beds and the unassuming, often semi-abandoned villages.' 영어사전에서 dun을 찾으면 '암갈색'으로 나옵니다. 그런데 dun을 영영사전에서 찾으면 greyish brown으로 나옵니다. 그러니까 잿빛이 스며든 갈색이라는 소리지요. 옛날 영일사전에는 '암갈색'으로 나오지만 요즘은 이 풀이가 빠지고 '볶은차빛'이나 '회갈색'으로 나옵니다. 영한사전

은 아직도 '암갈색'을 고수하고 있습니다. '암갈색'보다는 '회갈색'이 낫다는 느낌이 들지만 그래도 머리에 쏙 들어오지는 않습니다. 그런데 영독사전에서는 dun을 sandfarben으로 풀이했더군요. '모래빛'이라는 뜻입니다. '회갈색'보다는 '모래빛'이 머리에 쏘옥 들어옵니다. 빛깔은 이렇게 구체적으로 나타내는 것이 좋습니다. 그래서 '이 해안 도시를 떠나 내륙으로, 눈부신 모래빛 파도가 넘실거리는 또 다른 바다로, 올리브 숲과 아무도 차를 몰지 않는 도로가 있는 바다로 가야 한다'로 무난히 옮길 수 있었습니다.

물론 외국어 단어가 일대일 대응하는 것은 아닙니다. 그러나 맥락상 충분히 쓸 만한 좋은 풀이를 다른 언어로 된 두말사전에서 찾아낼 수 있는 것은 엄연한 사실입니다. 특히 불한사전과 일한사전은 아주 풀이가 정교하고 섬세합니다. 상투적이지 않고 펄펄 살아 있는 풀이어로 가득차 있습니다. 왜 그럴까요. 불한사전은 19세기 중반부터 선교를 위해 목숨을 걸고 오랜 세월 조선어를 연구한 프랑스 신부들의 풍부한 어휘력이 바탕에 깔려 있어서 그렇고 일한사전은 조선어와 일본어에 모두 능한 조선 출신 사전편찬자들의 저력이 깔려 있어서이리라고 나름대로 추측합니다.

평소에 한국어 책을 읽다가 좋은 말이 나오면 좀 귀찮아도 적어두는 버릇을 들이면 후회하지 않습니다. 특히 자작자작, 듬성듬성, 끼룩끼룩, 사뿐사뿐 같은 첩어는 정작 필요할 때는 잘 떠오르지가 않는 법입니다. 외국 신문도 꾸준히 읽으면 기존의 두말사전에 안 나오는 적확한 풀이어를 많이 건질 수 있습니다. 박지성 선수가 현역 국가대표 선수 시절 외국 대표팀에게 패한 뒤 영국 신문 〈가디언〉과 인터뷰를 하면서 'It's regrettable for us that our back four has little experience playing overseas' 하고 말한 적이 있습니다. 우리 네 명의 수비수가 국제 경험이 적어 아쉬웠다는 평가였습니다. 기존의 영한사전에는 안 나오지만 이 문장에서 regrettable은 '아쉽다'는 풀이어 말고는 달리 적당한 말이 떠오르지가 않습니다. 말이 난 김에 오래전 일본의 아사다 마오 선수가 엉덩방아를 찧는 등 결정적 실수를 여러 번 저지르면서 김연아 선수에게 현격한 기량 차이로 패한 뒤 '분하다'고 말한 것으로 전해져 많은 한국인이 어이없어했습니다. 아사다 선수의 입에서 나온 일본어는 悔しいです(구야시이데스)였습니다. 悔しい를 일본 산세이도 출판사에서 나온 《일본어 국어사전》에서는 '불만족한 점이 많아서 미련이 남는다'로 풀이했습니다. 그러니까 한국어로는 '아쉽다' 정도의 뜻입니다. 아사다 선수와 같은 날 열린 올림픽 스키 남자 노르딕 종목에서 30위에 그친 가토 다이헤이라는 선수도 경기 후 悔しいけど仕方ない(구야시이케도시가타나이) 하고 소회를 밝혔습니다. 이 말을 '분하지만 어쩔 수 없다'고 옮겨야 할까요 '아쉽지만 어쩔 수 없다'고 옮겨야 할까요. 당연히 후자입니다.

한국의 건축이나 역사, 예술을 다룬 외국어 책에도 좋은 풀이가 많습니다. 앞에서 hall이 들어간 서양식 건물을 '-관'으로 풀이하는 회로를 어떻게 뚫었는지 알아보았지만 hall은 '-전'이나 '-루'로 끝나는 동양 건축물을 가리키는 데도 씁니다. 그렇다면 hall의 풀이어로 영한사전에 '-관, -전, -루'가 새로 올라가야 합니다. 접사에 민감해야 합니다. military를 '군-'이라는 접사로 기억해두면 military order는 '군령'으로, military sword는 '군도'로, military horse는 '군마'로, military cap은 '군모'로 어렵지 않게 풀이할 수 있습니다. 하지만 military affairs에서 '군무'를 떠올리기는 쉽지 않습니다. 평소에 affairs라는 영어와 '-무'라는 한국어 접사 사이에 회로를 뚫어둔 사람만이 '군무'라는 안정되었으면서도 창조적인 표현을 떠올릴 수 있습니다. 영어 public affairs가 '공무'로, Ministry of Foreign Affairs가 '외무부'로 번역된다는 데서 affairs와 '-무'를 짝지어둔 사람은 medical affairs office도 '의무실'로 무난히 번역할 수 있습니다.

복합동사 성분에서도 새로운 회로를 뚫을 수 있습니다. 게 을러터지다, 느려터지다, 물러터지다의 '-터지다'와 약아빠 지다와 낡아빠지다의 '-빠지다'는 부사 very와 궁합이 잘 맞 습니다. '-빠지다'와 '-터지다'는 시판되는 영한사전에는 없 더라도 적어도 번역자의 상상의 영한사전에서는 very의 풀이 어로 확고히 자리잡아야 합니다.

하지만 번역자는 새로운 말도 과감히 만들어내야 합니다. 적어놓지 않아서 지금은 원어가 무엇인지 찾을 길이 없지만 전에 《새벽에서 황혼까지》라는 서양문화사를 번역하다가 '겉 멋파'라는 말을 만들어본 적이 있습니다. 에티켓이라든가 격 식에만 신경을 쓰는 사람들을 가리키는 말이었습니다.

앞에서 serif와 sans serif라는 글씨체를 각각 '삐침체' 와 '안삐침체'로 옮겨보았습니다. 서양 글씨체에는 uncial, cursive라는 글씨체도 있습니다. uncial은 글씨를 거친 파피 루스가 아니라 부드러운 양피지에 쓰게 되면서 예전의 각진 글씨가 아니라 둥그스름해진 중세 초기의 글씨체를 말하고 cursive는 흘려쓰는 글씨체입니다. 이것도 각각 '둥글체'와 '흘림체'로 부르면 어떨까요.

또 대륙법과 영미법을 가르는 '직권주의'와 '당사자주의'

라는 일본제 용어가 마음에 안 들어 '규명주의'와 '공방주의'라는 말을 써본 적도 있습니다. 판사가 거의 수사관처럼 진실을 파헤치는 주체로 나서는 프랑스의 사법제도를 가리키는 inquisitorial system과 판사는 심판 노릇만 하고 원고와 피고를 대변하는 검사나 변호사가 법정에서 공방을 벌이는 영미 사법제도를 가리키는 adversarial system을 나타내는 표현으로 그쪽이 더 알맞다고 생각해서였습니다. 한국은 일본을 베껴서 대륙법 체계를 받아들였지만 판사가 진실 규명의 주체로 나서야 하는 대륙법 체계의 핵심은 슬그머니 뺐습니다. 대륙법제도의 쭉정이만 남았습니다. 언뜻 보면 판사는 심판처럼 굴고 원고와 피고가 공방을 벌이는 영미식 공방주의로 기운 듯합니다. 그런데 영미식 공방주의의 핵심은 법정에서 진술하는 내용만 증거로 채택된다는 점입니다. 그러나 한국에서는 검찰이 갖은 협박과 공갈을 통해서 받아낸 진술도 법정에서 증거로 채택됩니다. 영미식 사법 제도의 쭉정이만 남았습니다. 한국의 법제도가 대륙법제도와 영미법제도의 핵심을 모두 빼먹고 시민이 아니라 판사와 검사 같은 법률 전문가만을 위한 제도로 굴러가는 데는 '직권주의'와 '당사자주의'라는 위선적 명칭도 적잖게 기여했다고 생각합니다. 말에서 벌써 절반은 따고 들어갑니다. '직권주의'는 판사의 전횡을 합리화하는 말로 쓰일 수 있습니다. 반면에 '규명주의'

는 진실 규명에 기여하도록 판사를 압박하는 말로 쓰일 수 있습니다. 이름을 정확하게 짓는 것이 그래서 중요합니다.

*

원고지에다 글자를 한 자 한 자 써넣을 때도 자판으로 글씨를 쳐넣을 때도 손가락이 원래 약해서 번역을 많이 못했습니다. 그래서 힘이 좋은 젊은이들 사이에서 나이가 들어서도 번역가로 대접받으려면 양보다 질을 중시해야 한다고 일찍부터 생각했습니다. 같은 원고료를 받아도 궁리를 더 했습니다. 그런 궁리가 쌓여서 《번역의 탄생》이라는 책도 냈습니다. 그런데 삼십 년이 넘게 번역을 했어도 번역의 속도가 빨라졌다는 생각은 별로 안 듭니다. 번역가로서 경험이 쌓이는 만큼 거꾸로 나 자신에게 요구하는 작업의 질이 자꾸만 높아져서입니다.

전문직이 뭘까요. 돈을 많이 버는 직업일까요. 물론 전문직은 돈을 많이 법니다. 시간과 노력을 굉장히 많이 들여야만 제대로 된 전문가 노릇을 할 수 있는 직업이라 전문직이라고 부르면서 그만큼 보상을 많이 준다고 말할 수도 있겠지요. 하지만 저는 전문직을 조금 다르게 봅니다. 나이가 들수록 더 지혜로운 판단을 내릴 수 있는 직업이 전문직이라고 생각합니다. 그리고 번역가는 전문직이라고 생각합니다. 나이를 먹을수록 더 잘할 수 있는 일이 번역이거든요. 옛날에는 번역을 하다가 날려버려도 금방 만회할 수 있었습니다. 대개 내가 어떻게 번역했는지 생각이 났습니다. 정형화된 번역을 했다는 뜻입니다. 그런데 지금은 잘 안 됩니다. 물론 기억력이 감퇴되었다는 점도 작용했겠지요. 그런데 그것보다 더 중요한 건 아무래도 문장 하나하나를 똑같이 번역하지 않으려는 무의식이 많이 작용하다보니까 기억이 안 나는 게 아닌가 싶습니다. 대체불가능한 번역을 해야 한다는 생각이 나이가 들수록 강해집니다. 그래서 요즘은 번역을 날려버리면 끔찍합니다. 다시 처음부터 새로운 길을 뚫어야 하니까요. 10년 전에 한 번역과 5년 전에 한 번역과 1년 전에 한 번역이 달라지는 것, 그것이 저는 발전이라고 생각합니다. 그리고 그렇게 나이가 먹더라도 힘은 들어도 조금씩이라도 더 나은 문장을 만들어내는 길을 걸을 수 있는 번역가라는 전문직을 갖게 된 것을 다행스럽게 생각합니다.

4차산업혁명이 본격화하면 대부분의 영역에서 사람은 불필요해질 것이라고들 말합니다. 번역도 크게 영향을 받겠지요. 과학 논문이나 사건 보도 기사, 특허 자료처럼 낱말의 외연 곧 뜻둘레가 작고 문장 구성도 정형화되어 해석의 폭이 좁은 글은 기계번역으로 처리될 수 있을 겁니다. 기계번역이 감당할 수 있는 영역이 번역에서도 점점 늘어나겠지요.

'고비원주(高飛遠走)'라는 말이 있습니다. 동학을 창시한 수운 최제우가 해월 최시형에게 마지막으로 남긴 말입니다. 궁지에 몰린 교주가 수제자에게 너만은 멀리 달아나 살아남아달라는 당부의 뜻으로 보통 이 말을 받아들입니다. 그렇지만 죽음을 담담히 받아들인 수운이 과연 그런 비감한 뜻으로 말했을까요. 지금의 어려운 처지에 주눅들지 말고 더 높이 올라 멀리 내다보면서 동학의 앞날을 살피고 지켜달라고 한 말이 아니었을까요.

기계번역의 시대가 도래하면서 장래의 번역가도 고비원주의 자세로 번역의 앞날을 길게 바라보고 준비할 필요가 있습니다. 쉬운 번역은 누구나 할 수 있기에 생명력이 짧습니다. 어려운 번역은 누구나 할 수 없기에 생명력이 깁니다. 가령 시 번역과 한문 번역이 그렇습니다. 한문은 익히기는 어려워도 한문 번역가는 날이 갈수록 귀한 대접을 받을 겁니다. 한국의 위상이 높아질수록 전통에 대한 관심이 높아지고 불과 한 세기 조금 넘은 옛날까지 조상이 남겨놓은 방대한 한문 문헌을 이해하려는 욕구도 커질 테니까요. 라틴어나 그리스어 같은 서양 고전어도 격변화가 많아 현대 유럽어보다 익히기 어렵지만 역시 희소 가치가 있어 번역가를 지망하는 사람이라면 배울 만한 가치가 있습니다. 아직 한국어로 번역되지 않은 서양 고전 문헌은 무궁무진하니까요.

자본주의를 누군가는 경쟁이라고도 규정하고 누군가는 근검절약하는 개신교 윤리라고도 규정하고 누군가는 수탈이라고도 규정하지만 저는 자본주의를 만인을 대체가능한 존재로 몰아가는 체제라고 생각합니다. 자본주의는 말 그대로 자본을 주인으로 섬기는 체제입니다. 자본은 돈입니다. 자본주의는 사람이 아니라 돈을 주인으로 섬기는 체제입니다. 자본주의는 국민이란 말도 국경이란 말도 좋아하지 않습니다. 자본주의는 나라 '국'자가 들어간 단어 자체를 혐오와 불신의 대상으로 몰아갑니다. 그래야 울타리에 구애받지 않고 마음껏 돈을 벌 수 있으니까요. 부동산 광풍으로 집세에 짓눌려 젊은이가 결혼을 못 하고 아기를 못 낳아 인구가 급감해도 자본주의는 걱정을 안 합니다. 한국인이 부족해지면 외국인을 들여오면 되니까요. 자본주의에게 국민은 대체가능한 존재입니다. 4차산업혁명은 국민을 주인으로 섬기는 나라의 국민에게는 축복이지만 자본을 주인으로 섬기는 나라의 국민에게는 재앙입니다.

직장에서는 자꾸만 대체가능한 존재로 왜소해져도 대부분의 사람이 견디는 것은 자신이 대체불가능한 존재로 남아 있는 영역이 있어서입니다. 바로 가족입니다. 나의 자식, 나의 부모, 나의 배우자에게 나는 대체불가능한 존재입니다. 하지만 결혼을 포기하고 아기 낳기를 포기하는 젊은이가 늘어나면 우리에게 남은 대체불가능한 영역도 급격히 줄어들겠지요. 나밖에 모르는 개인이 모래알처럼 뿔뿔이 흩어진 나라는 자본주의가 꿈꾸는 나라이기도 합니다. 그래서 자본주의는 열심히 개인주의를 부추깁니다. 내가 있고서 나라가 있는 것이니 남이 어떻게 살건 내 자유를 누리고 지키는 것이 능사라고 가르칩니다.

하지만 아직도 대부분의 사람은 대체불가능한 현실에서 살아갑니다. 결혼해서 가족이 있는 사람은 대체불가능한 가족이 있고 이중국적자가 아닌 한 우리가 떠나서 살 수 없는 한국이라는 대체불가능한 나라가 있고 우리가 모국어로 삼게 된 한국어라는 대체불가능한 언어가 있습니다. 세계 어느 누구도 우리 대신 좋은 지도자를 뽑아주지 않고 우리 대신 좋은 사전을 만들어주지도 않고 훌륭한 한국어 문장을 대신 써주지도 않습니다. 모든 것을 대체가능하게 바꾸어나가려는 자본주의 세상에서 대체불가능한 번역을 하려는 이유는 한국어는 나만의 것이 아니라 아직 태어나지 않은 미지의 번역가 것이기도 하다는 믿음에서입니다. 대체불가능한 번역을 통해 독자의 눈을 높여야 독자가 바라는 번역의 기대 수준도 높아지고 그래야 공들여 번역하려는 미지의 번역가 입지도 넓혀지리라는 믿음에서입니다.

현대 한국어에서 '문장'은 완결된 생각이나 감정을 담은 글의 최소 단위라는 중립적 의미로 씁니다. 하지만 전통 한국어에서 '문장'은 좋은 글을 뜻했습니다. 훌륭한 번역문도 훌륭한 창작문도 똑같이 훌륭한 문장입니다. 훌륭한 번역가도 훌륭한 창작자도 똑같이 훌륭한 '문장가'입니다. 좋은 번역은 좋은 문장입니다. 좋은 번역가는 좋은 문장가입니다. 아무리 기계번역의 시대가 와도 좋은 문장가는 사라지지 않습니다.

11장

사전편찬자 되기

    한학에 조예가 깊었던 장기수 이구영을 도와 조선의 뼈대 있는 유학자 집안이었던 이구영의 문중에 전해내려오던 의병 운동 한문 자료를 감옥 안에서 번역하던 신영복에게 이구영 의 번역 방식은 남달랐습니다. 감방에서 이구영에게 한문을 배우며 번역을 거들던 신영복 같은 젊은이들은 번역을 하다 막히면 모르는 대목을 일단 건너뛰고 번역을 이어갔습니다.

    하지만 이구영의 번역 방식은 달랐습니다. 이구영은 건너 뛰는 법이 없었습니다. 모르는 대목은 아무리 시간이 걸려도 기어이 해결하고 넘어갔습니다. 너무 고지식한 방식이 아니 냐고 묻는 신영복에게 이구영이 들려준 말은 《맹자》에 나온 다는 '영과후진(盈科後進)'(채울 盈, 구덩이 科, 다음 後, 나아갈 進)이었습니다. 흐르는 물은 구덩이를 만나도 안 피하고 구덩이를 채우고서야 앞으로 나아간다는 말이었습니다. 어려운 일이 닥쳤다고 해서 다른 곳으로 피하거나 남에게 어려운 일을 떠넘기지 않고 내 몫으로 떠안으라는 영과후진의 가르침은 시대의 모순과 아픔을 짊어지다가 수십 년을 감옥에 갇혀산 노촌 이구영의 삶을 관류한 정신이었지만 모르는 대목이 나와도 함부로 건너뛸 수가 없는 번역 작업의 본질을 꿰뚫는 말이기도 합니다.

함부로 건너뛸 수 없는 것은 번역만이 아닙니다. 사전을 만들 때도 함부로 건너뛸 수가 없습니다. 여러분이 책을 읽다가 aardvark라는 단어와 맞닥뜨렸다고 칩시다. 여러분은 독자이므로 이 단어를 명확히 규명할 책임이 없습니다. 아프리카에는 이런 괴상한 이름을 지닌 동물이 있구나 하고 슬쩍 건너뛰어도 됩니다. 하지만 영어를 풀이하는 두말사전을 만들다가 aardvark라는 표제어와 맞닥뜨린 사전편찬자는 건너뛸 수가 없습니다. 도망갈 곳이 없습니다. 아무리 시간이 걸려도 모국어를 뒤져서 대응어를 찾아내야 합니다. aardvark가 가리키는 대상이 모국어에 없다면 아무리 시간이 걸려도 이름을 지어주어야 합니다. 적어도 설명이라도 달아주어야 합니다.

번역가는 건너뛰기가 불가능할지언정 사전에라도 기댈 수 있지만 사전편찬자는 기댈 언덕이 없습니다. 낯선 언어와 처음 맞닥뜨린 불행한 시대의 번역가와 사전편찬자는 더욱 난감합니다. 중국이 아편전쟁에서 서양 열강에게 속수무책으로 당하는 것을 보고 서양을 못 따라잡으면 끝장이라는 절박감에서 19세기 중반 부국강병을 내걸고 서양 문물을 받아들이려고 서양서를 열심히 옮기던 일본의 번역가 중 상당수가 사전편찬자로 돌아선 것도 번역가에게는 사전 말고는 기댈 언덕이 없어서였습니다.

1862년 일본 최초의 본격 영일사전 《영일대역휴대사전 英和対訳袖珍辞書》을 낸 호리 다쓰노스케(1823~1894)는 1853년 미국 페리 제독이 흑선을 몰고 개국을 요구하며 일본에 왔을 때 통사로 대미 교섭의 중책을 맡았고 중요한 외교 문서와 외국 신문의 번역에 관여한 인물이었습니다. 기독교도의 급증세에 위기감을 느끼고 1639년 도쿠가와 막부가 쇄국 체제로 돌아선 뒤 2세기가 넘도록 일본은 기독교 선교를 앞에 내걸지 않은 네덜란드하고만 통상을 했습니다. 네덜란드를 통해 유럽의 자연과학, 의학을 받아들이면서 네덜란드어를 할 줄 아는 난학자를 많이 배출했고 이 난학자들이 두말사전 난일사전을 만들어 네덜란드어 문헌을 일본어로 번역했습니다.

아편전쟁을 지켜보면서 막부는 유럽의 패권이 영국에게 넘어갔음을 깨닫고 호리 같은 네덜란드어 통사에게 영어 학습을 지시했습니다. 영어를 잘 몰랐던 호리는 영어-네덜란드어 두말사전의 네덜란드어 풀이 부분을 기존의 네덜란드어-일본어 두말사전에 기대어 일본어로 바꾸는 방법으로 《영일대역휴대사전》을 만들었습니다. 영어에 능통하지 않았던 호리가 《영일대역휴대사전》에서 animal, plant, cornea, nerve, gravity, oxygen 같은 자연과학어를 동물, 식물, 각막, 신경, 중력, 산소로 풀이하고 adjective, adverb, article, conjunction, irregular, participle, preposition, pronoun 같은 문법어를 형용사, 부사, 관사, 접속사, 불규칙, 분사, 전치사, 대명사로 풀이할 수 있었던 것은 번역가이며 사전편찬가였던 선배 난학자들이 해놓은 작업에 기댈 수 있어서였습니다. 호리가 번역한 영어-네덜란드어 사전은 《신영란휴대사전 A New Pocket Dictionary of English and Dutch》이었고 이 영어-네덜란드어 두말사전은 1843년에 나왔습니다. 격변하는 시대가 만들어낸 새로운 어휘를 온전히 담아냈을 법한 사전이 아니었습니다.

영어를 제대로 익힌 사람들이 일본에서 만든 최초의 본격 영일사전은 1873년에 나온 《영일자휘 英和字彙》였습니다. 이 사전을 만든 시바타 쇼키치(1842~1901)와 고야스 다카시(1836~1898)도 모두 국가 공문서의 번역을 맡았던 역관이었습니다. 부국강병의 기치 아래 1867년 메이지유신을 선포하여 천황 중심 체제로 돌아선 뒤 일본은 서양의 문물 중에서도 특히 군사 분야를 따라잡는 데 힘썼습니다. 시바타와 고야스는 이미 1870년에 《영국해군율령전서》를 공역한 바 있었습니다. 번역을 하면서 최신 영어 어휘를 일본어로 풀이한 두말사전의 필요성을 절감한 두 사람은 미국과 영국, 중국에서 간행된 최신 영어사전을 집대성하여 영어 번역에 요긴한 대사전을 편찬했습니다. 호리 다쓰노스케의 《영일대역휴대사전》에서는 aborigine을 '최초의 주민'으로, metaphor를 '사물의 뜻을 빌려 빗대어 말하는 방식'으로 풀이했지만 《영일자휘》에서는 각각 '토인'과 '비유'로 간결한 대응어를 제시했습니다.

《영일자휘》가 이렇게 간결한 대응어를 제시할 수 있었던 데에는 독일 출신 선교사 빌헬름 로브샤이트가 엮은 《영중자전 英華字典》(1866~1969)에 실렸던 간결한 한자 풀이어의 도움이 컸습니다. aborigine과 metaphor는 《영중자전》에서 이미 土人(토인)과 比喩(비유)로 풀이했습니다. 《영중자전》은 19세기 후반 일본의 영일사전 편찬과 번역어 정착에 엄청난 영향을 끼쳤습니다. 4권 분량으로 나온 두툼한 영중대사전 《영중자전》은 중국에서 간행된 지 15년 사이에 두 번이나 일본어판으로 번역되었습니다.

1879년에는 영국 작가 새뮤얼 스마일스의 자기개발서

《Self-help》를 《서국입지편》(1870)이라는 제목으로 일본어로 번역해서 백만 부가 넘게 팔린 베스트셀러를 만들었고 영국 철학자 존 스튜어트 밀의 《On Liberty》를 《자유의 이치》(1872)라는 제목으로 일역해서 이름을 날린 당대 최고의 번역가 나카무라 마사나오(1832~1891)가 번역 감수를 맡아 《영중일역자전 英華和訳字典》으로 《영중자전》의 일본어판이 나왔습니다. 그로부터 5년 뒤에는 인문학 용어집 《철학자휘 哲學字彙》(1881)에서 absolute, abstract, advancement 같은 외국어를 絶對(절대), 抽象(추상), 進步(진보)로 풀이하여 서양 개념어가 일본어에 수용되는 데 지대한 공을 세웠으며 영어로 된 심리학서를 일본어로 번역하기도 한 철학자 이노우에 데쓰지로(1855~1944)가 주도하여 《영중자전》의 또 다른 일본어판이 《수정증보영중자전 訂增英華字典》(1884)이라는 제목으로 나왔습니다. 난학자로부터 시작해서 난학과 영학의 과도기를 살았던 호리 다쓰노스케를 거쳐 시바타 쇼키치와 고야스 다카시, 나카무라 마사나오, 이노우에 데쓰지로에 이르기까지 일본에서는 중요한 외국어 두말사전이 대체로 역관이나 번역가의 손으로 만들어졌습니다. 메이지유신기를 대표하는 계몽사상가이며 교육자였던 후쿠자와 유키치도 원래 네덜란드어를 익혔다가 영어로 돌아선 뒤 미국에서 구한 중국의 한어-영어 대역사전을 토대로 삼아 한어와 영어를 일본 글자로 적어 《증보수정중영통어 增訂華英通語》를 1860년에 냈는데 이 사전은 후쿠자와가 자기 이름으로 처음 낸 책이었습니다.

1873년에 나온 시바타 쇼키치와 고야스 다카시의 《영일자휘》는 당대 최신 영어사전이었던 노아 웹스터의 《미국영어사전》을 전범으로 삼았기에 방대한 어휘를 수록했지만 제대로 된 풀이를 내놓지 못한 표제어가 아직도 많았습니다. 가령 남아프리카에 사는 aardvark라는 동물은 영어사전에서도 노아 웹스터의 1865년판 《미국영어사전 An American Dictionary of the English Language》에 처음 실릴 정도로 낯선 말이었습니다. 그래서 《영일자휘》는 대응어를 제시하지 못한 채 '이 짐승의 모습은 뾰족한 돼지를 닮았는데 다리가 짧고 굴에서 살며 늘 개미를 먹는다'며 그림을 덧붙여 aardvark를 설명했습니다. 그림도 설명도 모두 웹스터의 《미국영어사전》에서 가져온 것이었습니다. 그로부터 15년이 지나서 1888년에 나온 미국인 영어학자 프랭크 워링턴 이스트레이크(1858~1905)와 일본인 영어학자 타나하시 이치로(1863~1942)의 공저 《일역자휘 和譯字彙》에서는 食蟻獸라고 번역어로 쓸 수 있는 대응어를 먼저 제시한 다음 《미국영어사전》의 그림과 설명을 덧붙여 aardvark를 풀이했습니다. 食蟻獸는 '식의수' 곧 '개미 먹는 짐승'이라는 뜻이었습니다.

그리고 맨 뒤에는 웹스터 사전에 실렸던 어원 설명(Dutch, earth-pig)을 토대로 삼아 '네덜란드어에서는 이것을 土豚(earth-pig)이라 부른다'고 덧붙였습니다. 그리고 1891년에 나온 이 사전의 개정판에서는 아무 설명 없이 aardvark를 食蟻獸, 土豚으로 풀이했습니다. 하지만 이듬해에 나온 시마다 유타카의 《쌍해영일대사전雙解英和大辭典》에서는 大食蟻獸 곧 '개미 먹는 큰 짐승'이라고 조금 다르게 풀이했습니다. 이어 1913년에 나온 영어학자 마스다 도노스케의 《신찬영일사전新撰英和辭典》에서는 그림 설명 없이 '남아프리카의 土豚'으로 풀이했습니다. 그런데 1915년에 영어학자 이노우에 주키치가 낸 《이노우에영일대사전井上英和大辭典》에서는 다시 食蟻獸로 풀이했습니다. 그리고 1938년에 산세이도 출판사에서 나온 《신콘사이스영일사전》 3판에서는 뜬금없이 豚蟻食로 풀이했습니다. '부타아리구이' 곧 '개미 먹는 돼지'란 뜻이었습니다. 그리고 1947년 겐큐샤 출판사에서 나온 《포켓영일사전》 2판에서는 土豚으로 풀이했습니다. 여기에 영향을 받아서인지 1951년에 나온 산세이도의 《신콘사이스영일사전》 7판에서는 '쓰치부다(土豚), 부타아리구이'로 혼선을 빚었다가 1959년에 나온 《신콘사이스영일사전》 9판에 와서야 '쓰치부다'로 통일했습니다. 1873년 《영일자휘》에서 '동물 이름'으로 풀이되고 나서 이런저런 시행착오를 거쳐 거의 한 세기가 지난 1959년에 가서야 aardvark가 '쓰치부다'라는 일본어로 정착된 것입니다.

한국에서는 1960년에 민중서관에서 나온 영어학자 이양하와 권중휘의 공저 《포켓영한사전》 2판에 aardvark가 '땅돼지'로 풀이되었습니다. 민중서관의 《포켓영한사전》은 겐큐샤의 《포켓영일사전》을 참조한 것으로 보이는데 1953년에 나온 《포켓영한사전》 초판에도 aardvark가 표제어로 나왔다면 거기에서도 십중팔구 '땅돼지'로 풀이되었겠지요. aardvark의 한국어 풀이 '땅돼지'가 1953년에 처음 나왔든 1960년에 처음 나왔든 그 시점에서 가장 최근에 나왔던 영일사전의 풀이 土豚이나 이 한자어를 훈독한 '쓰치부다'를 바로 한국어로 옮겼으리라는 정황은 달라지지 않습니다. 한국의 영한사전은 이렇게 영일사전이 오랜 시행착오를 거쳐 마련한 일본어 풀이의 도움으로 번역에 유용한 두말사전으로서의 모양새를 빠르게 갖춰나갈 수 있었습니다.

영한사전은 영일사전 덕에 지름길을 걸었지만 낭비와 혼선도 컸습니다. 특히 똑같은 한자라는 이유로 가짜친구가 영일사전을 통해 영한사전에 묻어들어왔습니다. 영어 abridgement, acknowledgement, appropriate의 대응어로 영한사전에 오른 생략, 승인, 충당은 영일사전에 실린 대응어 省略, 承認, 充當을 통해 들어왔습니다. 하지만 한국어 생략,

승인, 충당은 일본어 省略, 承認, 充當보다 뜻둘레가 좁습니다. 그래서 일본어로는 'Sep.은 September의 省略語다' '그는 사실을 承認했다' '의회는 태양열 에너지 연구에 우선적으로 예산을 充當했다'고 말할 수 있어도 한국어로는 'Sep.은 September의 축약어다' '그는 사실을 인정했다' '의회는 태양열 에너지 연구에 우선적으로 예산을 책정했다'고 말해야 합니다. 한국어 생략, 승인, 충당은 거의 모든 영한사전에 영어 abridgement, acknowledgement, appropriate의 풀이말로 나오지만 한국인 번역가는 해당 영어의 풀이말로 생략, 승인, 충당을 여간해서는 안 쓸 것입니다. 모국어의 검열망이 있으니까요. 하지만 안 쓰일 풀이가 사전에 실린 것은 낭비입니다. 영한사전에서 솎아내야 합니다.

*

19세기 후반부터 20세기 초반에 걸쳐서 일본에서 영일사전을 주도적으로 만든 것은 번역가로 일하던 일본인이었습니다. 그들은 글로 소통하려고 영일사전을 만들었습니다. 영어로 된 글을 일본어로 옮기는 데 쓰려고 영일사전을 만들었습니다. 일본인 사전편찬자는 영어에 대응하는 일본어가 있는지 없는지 찬찬히 살폈고 없다 싶으면 한자를 공유하는 중국어에서 말을 빌려와서라도 영일사전을 만들어나갔습니다. 그들의 출발점은 현실 일본어였습니다.

19세기 말부터 20세기 초반까지 조선에서 영한사전을 주도적으로 만든 것은 선교사로 일하던 외국인이었습니다. 그들은 말로 소통하려고 영한사전을 만들었습니다. 조선인이 쉽게 알아들을 만한 조선말이 외국인 선교사의 입에서 나올 수 있도록 영한사전을 만들었습니다. 그래서 brandy는 소주로, candy는 엿으로, cream은 소젖진액으로, verandah는 툇마루로 풀이했습니다. 그들의 출발점도 현실 조선어였습니다.

1945년 해방 이후 한국에서 영한사전 편찬을 주도한 것은 한국인이었습니다. 그들은 현실 한국어에서 출발하지 않고 이미 완성도 높은 두말사전의 지위에 올라선 영일사전에서 출발했습니다. 특히 영일사전의 한자 풀이를 그대로 한국어로 옮겨적을 때가 많았습니다. 영어 abridgement, acknowledgement, appropriate의 풀이말로 영한사전에 들어온 생략, 승인, 충당은 그 논리적 귀결입니다. 한국어 현실에서 출발하지 않고 영일사전에서 출발하다보니 반세기 전 외국인 사전편찬자들이 조선어 현실에서 찾아낸 살아 있는 조선말을 무시했습니다. 그래서 1890년 언더우드가 《영한자전》을 내면서 조선말에서 찾아냈던 공경(respect), 단장

(decorate), 담대한(bold), 도모(contrive), 사양(decline), 상
(table), 성품(character), 식성(appetite), 절명(death), 조련
(drill), 척박한(barren), 파발(courier), 팔자(destiny), 홀연히
(abruptly), 훈수(advice), 더러(some), 두엇(couple), 드리우다
(drape), 땅머리(cape), 땅목(isthmus), 벌여놓다(display), 불
치다(castrate), 빚다(brew), 사르다(burn), 삭다(corrode), 아
귀(corner), 예사로운(customary), 옹송그리다(cringe), 으스러
뜨리다(crush), 잡다(kill), 잦은(frequent), 재다(charge), 죽을
(fatal), 지내다(celebrate), 더러(to), 거든(if) 같은 살아 있는
한국어는 해방 이후 한국인의 손으로 편찬된 영한사전에 오
르지 못했습니다. overdraft의 풀이어로 '초과인출'처럼 현실
에서 쓰이는 한국어가 외면받고 '당좌대월'처럼 일본에서 쓰
이는 일본어가 영한사전을 꿰찼습니다. 한국어 현실에서 출
발하지 않고 영일사전이라는 일본어 현실에서 출발한 탓이
었습니다.

조선어 현실에서 출발한 것은 언더우드처럼 영어권에서
온 선교사만이 아니었습니다. 언더우드보다 한두 세대 먼
저 조선어를 익혀서 프랑스어와 조선어를 잇는 두말사전을
편찬한 프랑스 선교사들도 살아 있는 조선어를 놓치지 않
았습니다. 1869년에 원고가 완성된 것으로 추정되는 프랑
스 파리외방전도회 소속 페롱 신부의 필사본 두말사전《불

조사전Dictionnaire Français-Coréen》에서는 성모 마리아
가 처녀의 몸으로 예수를 낳으리라는 소식을 가브리엘 대
천사로부터 받은 사건을 뜻하는 annonciation을 '성모영
보(聖母領報)'로 풀이했습니다. 성모가 기별을 받았다는 뜻
입니다. 그런데 지금의 영한사전에서는 영일사전을 본따서
annunciation을 대부분 '수태고지(受胎告知)'로 풀이합니다.
수태는 사람에게만 쓰는 말이 아닙니다. 새끼를 밴 짐승에게
도 쓰는 말입니다. 일본이 17세기 초 쇄국 체제로 돌아선 뒤
기독교는 일본에서 철저히 탄압을 받아 일본인에게 기독교
용어는 낯설었습니다. 그래서 annunciation이라는 외국어
를 풀이하려고 '수태고지' 같은 말을 지어냈습니다. 조선에서
도 기독교는 19세기 중반에 탄압을 받았지만 그 전부터 중국
을 통해 마테오 리치의 《천주실의》 같은 한문 기독교 서적이
조선에 들어와 많은 조선 기독교인 사이에서 읽혔고 상당수
의 조선인이 '성모영보' 같은 기독교 용어에 익숙해 있었습니
다. 《불조사전》은 이미 조선어의 현실로 자리잡았던 '성모영
보'를 annonciation의 풀이말로 잡아냈습니다. 하지만 영일
사전이라는 색안경을 끼고 살다보니 한국어 현실에 어두워
진 한국의 사전편찬자들은 '성모영보'를 괄시하고 '수태고지'
를 우대했습니다. 해방 이후에 영한사전을 만든 사전편찬자
들은 자기 언어 현실에서 대응어를 찾아내고야 말겠다는 절

박감이 부족했습니다.

그러다보니 영일사전의 일본어 풀이에 현혹되어 영한사전의 한국어 풀이가 영어의 핵심을 못 찌를 때가 적지 않습니다. 가령 영어 absently는 '무심히'로 풀이하면 좋을 때가 많은데 영일사전의 일본어 풀이 ぼんやりして의 일한사전 한국어 풀이에 넘어가 대부분의 영한사전에서 '멍하니, 넋을 잃고'로 absently를 풀이합니다. '무심히'는 아무 생각이 없다는 뜻이지만 '멍하니'와 '넋을 잃고'는 때에 따라서는 깊은 생각에 빠졌다는 느낌을 주는 말입니다. 그래서 'She stroked her shoulder absently' 같은 영문을 '여자는 무심히 어깨를 쓰다듬었다'고 옮길 순 있어도 '여자는 멍하니/넋을 잃고 어깨를 쓰다듬었다'고 옮기긴 어렵습니다.

*

영일사전이라는 중간상을 거치지 않고 영어와 직접 소통한 영한사전은 2008년을 전후해서야 비로소 등장했습니다. 바로 《콜린스코빌드영영한사전》(2007), 《옥스퍼드영한사전》(2008), 《능률롱맨영한사전》(2009)입니다. 세 사전의 공통점은 영일사전에 기대지 않고 영어를 바로 한국어로 풀이했다는 사실입니다. 영어와 직거래했으므로 가짜친구를 찾아보기 어렵습니다. 가령 apologetic을 기존의 영한사전에서 찾으면 예외 없이 '변명의'나 '변명하는'이란 풀이가 나옵니다. 한자가 같으니 뜻도 같으려니 하고 영일사전의 弁明를 그냥 한글로 적은 것입니다. 하지만 일본어 弁明과 한국어 '변명'은 뜻이 같지 않습니다. 일본어 弁明은 '해명'에 가까운 뜻이므로 부정적인 뜻이 아니지만 한국어 변명은 부정적입니다. 그래서 '구구한'이나 '구차한'이나 '궁색한' 같은 형용사와 잘 어울립니다. 한국어 '변명'에 해당하는 일본어는 弁解(변해)입니다. 잘못을 저지른 사람이 내놓은 해명을 납득하기 어려울 때 한국인은 '변명의 여지가 없다'고 일갈하지만 일본인은 '弁解의 여지가 없다'며 통박합니다.

그리스 철학자 소크라테스의 마지막 법정 진술을 기록한 플라톤 책의 제목을 예전에는 《소크라테스의 변명》이라고 옮겼습니다. 전후사정을 모르는 사람은 이런 제목만 접하고도 소크라테스는 비겁한 사람이었구나 하는 인상을 받지 않았을까요. 지금은 《소크라테스의 변론》이라고 옮기지만 저 같으면 '소크라테스의 항변'이라고 하겠습니다. '변론'은 남의 처지를 대변한다는 느낌을 주니까요. 소크라테스는 법정에서 남을 대변한 것이 아니라 스스로의 생각을 밝힌 사람이었습니다. 아무튼 《콜린스코빌드영영한사전》, 《옥스퍼드영한사전》, 《능률롱맨영한사전》 모두 영일사전에 기대지 않았으므로 가짜친구 弁明에 홀려 apologetic을 '변명'으로 풀이하지 않았다는 공통점이 있습니다.

2008년의 영한사전 삼총사 중에서 가장 빛을 본 것은 《옥스퍼드영한사전》입니다. 네이버영한사전에서 영어 단어를 찾으면 맨 앞에 나오는 풀이가 바로 《옥스퍼드영한사전》의 풀이거든요. 하지만 《콜린스코빌드영영한사전》과 《능률롱맨영한사전》도 훌륭한 영한사전입니다. 《콜린스코빌드영영한사전》은 표제어 수가 적고 풀이말도 적다는 점이 약점으로 지적되지만 단어의 뜻을 정확하게 짚어낸다는 점이 강점입니다. 가령 banter를 '농지거리'로 풀이한다거나 lurch를 '쏠리다'로 풀이한 것은 독보적입니다.

《능률롱맨영한사전》은 살아 있는 한국어가 가득 실린 훌륭한 영한사전입니다. 영어 abridgement, acknowledgement, appropriate의 풀이말로 대부분의 영한사전에 묻어든 생략, 승인, 충당을 《능률롱맨영한사전》에서는 당연히 솎아냈습니다. annunciation도 '수태고지'가 아니라 '성모영보대축일'로 짚어냈습니다. excess를 대부분의 영한사전에서는 영일사전을 본따 '초과액'이나 '초과금액'으로 풀이했지만 《능률롱맨영한사전》에서는 '본인분담금'이라는 현실 한국어로 풀이했습니다. 또 dryly는 영일사전처럼 '무미건조하게'가 아니라 '천연덕스럽게, 아무렇지도 않은 듯이'로 풀이했습니다. dynamic을 기존의 영한사전은 '힘, 역학, 원동력'으로 옮겼지만 '소통 방식, 작동 원리, 인간 관계'처럼 적확하게 풀이했습니다. indictment를 기존의 영한사전과 영일사전은 '기소, 고발, 비난'처럼 천편일률적으로 옮겼지만 '심각한 단면'이라고 정곡을 찔렀습니다. proprietorial을 기존의 영한사전에서는 '소유주의'라고 건성으로 옮겼지만 '소유주라도 되는 듯한'이라고 현실 영어 문장을 놓고 고민한 번역자의 마음가짐이 아니고서는 떠올릴 수 없는 풀이를 내놓았습니다. 부사형 proprietorially의 풀이는 더 놀랍습니다. 대부분의 영한사전은 부사를 형용사의 들러리쯤으로 여겨서 뜻풀이도 건너뛸 때가 많지만 《능률롱맨영한사전》에서는 '자기 소유물이라도 되는 것처럼'이라고 풀이했습니다. 대부분의 영한사전에서는 gasp를 '숨이 막히다'로 풀이했지만 《능률롱맨영한사전》과 《옥스퍼드영한사전》에서는 '숨이 턱 막히다'로 풀이했습니다. '턱'이 있고 없고는 하늘과 땅 차이입니다. seminal을 다른 영한사전에서는 '중대한, 독창적인'쯤으로 옮겼지만 《능률롱맨영한사전》은 '혁명에 가까운'으로 풀이했습니다. 가히 혁명에 가까운 풀이가 아닐 수 없습니다.

영일사전이라는 징검다리를 거치지 않고 현대 영영사전을 바로 한국어로 풀이한 《능률롱맨영한사전》 같은 두말사전의 장점은 기존의 영일사전과 영한사전에 화석처럼 박혀 있는 낡은 풀이를 피해갈 수 있다는 것입니다. 가령 invidious 라는 단어를 네이버영한사전에서 찾으면 '부당한; 남의 심기를 건드릴[시샘을 받을]'(옥스퍼드), '1. 〈언동 등이〉 기분 나쁘게 만드는, 미워하게[화나게] 만드는 2. 〈비평 비교 등이〉 불공평한, 부당한 3. 〈지위 명예 등이〉 남의 시기[미움]를 살 만한'(동아출판) '1. 비위에 거슬리는, (비평 비교가 불공평하여) 불쾌한; 질투심[원한]을 일으키는 2. 몹시 차별적인, 괘씸한'(YBM), '비위에 거슬리는, (불공평하여) 불쾌한; (지위 명예 따위) 남의 시기를 받기 쉬운'(교학사) '비위에 거슬리는, 괘씸한, 싫은(offensive) 2. 질투심을 일으키는, 시기를 받을 만한 (provoking envy) 3. (불공평해서) 불쾌한, 괘씸한' 4. 질투심 많은(envious)'(슈프림)으로 나옵니다.

일본을 대표하는 영어사전 출판사 겐큐샤에서 운영하는 온라인 영일사전 weblio에서 invidious를 찾으면 '(사람에게) 불쾌한 감정을 일으키는, 비위가 상하는, 부당하게 차별하는, 불공평한'으로 풀이합니다. 네이버영한사전의 풀이와 대동소이합니다. 그런데 이런 풀이는 웹스터의 《미국영어사전》처럼 예문이 빈약했던 초기 영어사전의 설명을 바탕으로 하여 일본의 영일사전 편찬자들이 뜻을 넘겨짚는 바람에 생겨난 오해입니다. 지금의 영어사전은 풍부한 예문을 토대로 삼아 뜻을 추려냅니다. 그래서 뜻풀이가 정확합니다. 뜻풀이가 정교하기로 유명한 《콜린스코빌드영영한사전》은 invidious 를 이렇게 풀이합니다.

1. If you describe a task or job as invidious, you mean that it is unpleasant because it is likely to make you unpopular. (어떤 과제나 일이 나의 평판을 떨어뜨릴 가능성이 있어서 마음이 불편하다는 뜻으로 쓰는 말이다.)
The local authority could find itself in the invidious position of having to refuse. (지자체는 거절해야 하는 난감한 처지에 놓였음을 깨달았다.)

2. An invidious comparison or choice between two things is an unfair one because the two things are very different or are equally good or bad. (두 물건이 아주 다르든가 아니면 똑같이 좋거나 똑같이 나빠서 두 물건의 비교나 선택이 부당할 때 쓰는 말이다.)
Police officers fear invidious comparisons. (경찰은 난감한 비교를 무서워한다.)
It is invidious to make a selection. (선택하자니 난감하다.)

'불쾌한'과 '불편한'은 하늘과 땅 차이입니다. invidious는 내가 지금 해야 하는 일이 남들에게 손가락질당할까 불편하다는 뜻이지 불쾌하다는 뜻이 아닙니다. 만약 초기 영일사전 편찬자가 풍부한 예문을 접할 수 있었다면 '불쾌한'이 아니라 '불편한'이라고 풀이했겠지요. 하지만 옛날의 사전편찬자들은 불행했습니다. 영어사전에 오른 예문 한두 개를 가지고 뜻을 짐작해야 했으니까요. 《능률롱맨영한사전》은 invidious를 '(입장 등이) 난감한, (비교 차별 등이) 부당한'으로 풀이했습니다. 빈약한 예문을 가진 옛날 영영사전을 토대로 만들어진 영일사전을 전범으로 삼은 기존 영한사전과 달리 풍부한 예문에서 연역식으로 추려낸 현대 영영사전과 직거래한 덕분에 얻은 결실이었습니다. 앞에서 소개한 대로 《옥스퍼드영한사전》에서는 invidious를 '부당한; 남의 심기를 건드릴〔시샘을 받을〕'로 풀이했습니다. 그리고 'We were in the invidious position of having to choose whether to break the law or risk lives'를 예문으로 들고 '우리는 법을 어길 것이냐 생명의 위험을 무릅쓸 것이냐를 택해야 하는 부당한 입장에 처해 있었다'고 옮겼습니다만 조금 어색합니다. '부당한 입장'이라기보다는 '난감한 입장' '골치 아픈 입장' '고약한 입장'이라고 해야 정곡을 찌른 번역이 아닐까요. 똑같이 영일사전에 기대지 않고 현대 영영사전을 바로 한국어로 옮겼지만 《능률롱맨영한사전》에 더 높은 점수를 주고 싶은 이유입니다. '난감한'이라는 풀이에서 많은 예문을 놓고 적확한 표현을 찾아내려고 사전편찬자가 쏟아부었을 시간과 정성이 느껴집니다. 아무튼 번역해야 하는 문장을 기존의 영한사전 풀이로 해내기 어렵겠다 싶으면 망설이지 말고 현대 온라인 영영사전의 정교한 풀이와 풍부한 예문에 기대어 뜻을 파악할 필요가 있습니다. 기존의 영한사전에서 벽에 부딪쳤을 때 저는 콜린스, 옥스퍼드, 케임브리지 같은 전통 온라인 영어사전도 참조하지만 www.wordsense.eu 같은 새로운 온라인 사전에서도 도움을 얻습니다. WordSense 온라인 사전은 어원을 포함하여 뜻풀이도 상세하지만 영어뿐 아니라 다양한 외국어 풀이도 제시되어 있어 연관어 검색을 통해 적확한 뜻을 찾아내는 데 요긴한 사전입니다. 그래도 마땅한 뜻이 안 떠오를 때는 www.english-corpora.org라는 말뭉치 자료를 뒤집니다. 이곳에는 다양한 시대별 지역별 영어 자료가 망라되어 있습니다. 뜻풀이가 제시되는 사전과 달리 말뭉치는 문장을 하나하나 읽어나가야 하는 어려움이 있지만 기존의 사전에 안 담긴 뜻을 날것으로 건져내는 희열을 맛볼 수 있는 곳입니다.

*

2008년을 전후하여 영어와 직거래해서 나온 영한사전 삼총사 중에서 네이버영한사전에 오른 《옥스퍼드영한사전》을 빼고는 나머지 두 사전은 제대로 평가를 못 받았습니다. 온라인 사전이 대세로 자리잡으면서 한국인 사전편찬자들이 모처럼 영어와 직거래해서 만든 영한사전들은 단발성으로 끝나고 말았습니다. 그런데 온라인 사전은 과연 믿어도 좋을까요.

가령 anodyne이란 형용사가 있습니다. '아픔을 없애주는'이란 뜻입니다. 명사로는 '진통제'라는 뜻도 있습니다. 하지만 현대 영어에서 anodyne은 '사람의 마음을 불편하게 만들지 않으려고 표현 수위를 누그러뜨리다보니 재미가 없고 무미건조해진'이란 뜻이 있습니다. 그래서 anodyne titles라고 하면 '무색무취한 제목', anodyne conclusions라고 하면 '맹숭맹숭한 결론' 정도로 옮길 수 있습니다. 대부분의 현대 영영사전에 anodyne은 이런 뜻이 앞에 나오거나 이런 뜻만 나옵니다. 《옥스퍼드영영사전》에서는 'unlikely to offend anyone or cause them to disagree; not expressing strong opinions'(누군가가 불쾌감이나 거부감을 품지 않게 하는; 강한 견해를 나타내지 않는)로 anodyne을 정의합니다. 《케임브리지영영사전》에서는 'intended to avoid causing offence or disagreement, especially by not expressing strong feelings or opinions'(강한 생각이나 견해를 안 나타내는 데 유의

해서 불쾌감이나 거부감을 안 일으키려는)으로 풀이합니다. 《콜린스코빌드영영한사전》에서는 'If you describe something as anodyne, you are criticizing it because it has no strong characteristics and is not likely to excite, interest, or upset anyone'(강한 성격이 없어서 자극적이지도 흥미롭지도 껄끄럽지도 않은 것을 말한다)고 하면서 이 말은 격식체이며 부정적 맥락에서 쓰는 말이라고 덧붙입니다. 이렇게 한 낱말이 어떤 맥락에서 쓰이는지를 자연스럽게 알려주는 것이 콜린스 사전의 장점이기도 합니다.

네이버영어사전에는 방금 소개한 《콜린스코빌드영영한사전》의 풀이도 영어로 나옵니다. 하지만 영한사전에서는 '감정을 누그러뜨리는'이나 '감정을 완화시키는' 같은 풀이에 그칩니다. 네이버영한사전에서 anodyne을 검색했을 때 맨 앞에 나오는 《옥스퍼드영한사전》의 풀이 '온건한'은 핵심을 찌르지 못합니다. 네이버영한사전의 anodyne 예문 중 맨 앞에 나오는 'This is daytime television at its most anodyne'은 '이것은 감정을 완화시키는 때인 낮시간 방송이다'로 번역되었지만 상당히 어색합니다. '낮방송 중에서도 가장 무색무취한 시간대가 바로 이 시간이다' 정도로 하면 뜻이 무난히 전달되겠지요. 참고로 《능률롱맨영한사전》에서는 이 단어를 '(말, 표현 등이) 무난한, 무미건조한'으로 풀이했습니다. 이

사전이 왜 뛰어난 사전인지를 여기에서도 다시 확인할 수 있습니다.

*

사전편찬자는 때로는 영영사전의 틀도 넘어서야 합니다. 《옥스퍼드영영사전》도 《케임브리지영영사전》도 《콜린스영영사전》도 《웹스터영영사전》도 기본적으로는 두말사전이 아니라 외말사전입니다. 《케임브리지영영사전》에서는 overdraft를 the amount of money that a customer with a bank account is temporarily allowed to owe to the bank, or the agreement that allows this라고 풀이합니다. 《케임브리지영영사전》은 외말사전이기에 overdraft라는 말의 뜻을 '은행 계좌가 있는 고객이 일시적으로 은행에 질 수 있는 빚의 액수 또는 그것을 허용하는 약정'이라고 설명한 것입니다. 하지만 두말사전을 찾는 사람이 기대하는 것은 이런 국어사전 같은 뜻풀이가 아니라 모국어로 적힌 overdraft의 대응어 '초과인출'입니다. 두말사전에서 '은행 계좌가 있는 고객이 일시적으로 은행에 질 수 있는 빚의 액수 또는 그것을 허용하는 약정'이라고 '초과인출'의 뜻까지 덧붙인다면 그것처럼 낭비가 없겠지요. 한국어를 모국어로 쓰는 사람은 초과인출이 무슨 뜻인지 바로 알 수 있을 테니까요.

그런데 대부분의 영한사전에서는 두말사전이 아니라 외말사전처럼 풀이합니다. 가령 absorb라는 영어를 보통 영한사전에서는 '1. (물질) 흡수하다 2. (정보) 흡수하다 3 (조직). 흡수하다 4. (에너지) 흡수하다 5. (충격) 흡수하다 6. 끌어안다 7. 잡아먹다 8. 사로잡다'로 세분해서 제시합니다. 마치 '흡수하다'란 말이 물질과도 정보와도 조직과도 에너지와도 쓸 수 있음을 한국어 모국어 사용자가 모르기라도 하는 것처럼요. 외말사전이 아니라 두말사전의 뜻풀이라면 '1. (물질, 정보, 조직, 에너지, 충격) 흡수하다 2. 끌어안다 3. 잡아먹다 4. 사로잡다'로 족합니다. 두말사전 편찬자라면 한국어 모국어 사용자가 '초과인출'에 대해 이미 아는 지식에 기대듯이 '흡수하다'에 대해 이미 아는 지식에 얼마든지 기댈 수 있어야 하지 않을까요.

영영사전이 세분한 범주를 영한사전이 그대로 추종해야 한다는 법도 없습니다. abominable을 1913년판 웹스터의 《미국영어사전》에서는 '1. causing abhorrence 2. excessive'으로 나누었고 영일사전도 '1. 忌まわしい 2. ひどい'로 받아들였고 영한사전도 '1. 역겨운 2. 지독한'으로 수용했습니다. 하지만 '고약한'으로 풀이하면 abominable에 있다는 두 뜻을 모두 담아낼 수 있지 않을까요.

정반대의 뜻을 한몸에 지닌 것처럼 보이는 영어 단어도 있습니다. arguable이라는 말을 대부분의 영한사전은 '논증할 수 있는'이라는 긍정의 뜻과 '논쟁의 여지가 있는'이라는 부정의 뜻으로 나누어 풀이합니다. 이 점에서는 《능률롱맨영한사전》도 같습니다. 영일사전도 그렇게 나누고 심지어 영영사전도 그렇게 나눕니다. 그런데 arguable은 다음에 이어지는 진술이나 질문에 일리가 있음을 나타내는 말입니다. it is arguable that은 이어지는 진술에 일리가 있다는 뜻이고 it is arguable whether는 이어지는 의문에 일리가 있다는 뜻입니다. 따라서 굳이 두 개의 모순된 의미 범주로 나누지 않고 '일리 있는'이라고 풀이하면 되지 않을까요. 문맥이 없으면 정반대로 오역할 수 있기에 더욱 그렇습니다. 온라인 영한사전에는 그런 오역의 사례가 꽤 있습니다. 가령 'In fact the above statement is arguable'은 '사실 위에 진술된 사항은 논쟁의 여지가 있습니다'보다 '사실 위의 진술은 일리가 있습니다'가 맞습니다. 또 'His speech has several arguable issues'는 '그의 연설은 몇몇 논쟁의 소지가 있는 쟁점들을 가지고 있다'보다는 '그의 연설은 여러 모로 일리가 있다'가 맞습니다. 《옥스퍼드영영사전》은 arguable을 '일리있는'과 '불분명한' 두 범주로 나누면서 후자의 예문으로 'It is arguable whether the case should have ever gone to trial'을 드는데 이 문장을 '사건이 애당초 재판까지 갔어야 하는지는 불분명하다'고 옮길 수도 있지만 '사건이 애당초 재판까지 갔어야 했느냐는 물음은 일리가 있다'고 옮겨도 무방합니다. 영어 arguably도 일부 영한사전에서는 '논란의 여지는 있지만'과 '틀림없이'처럼 정반대의 뜻을 동시에 제시하지만 '모르긴 몰라도' 하나로 온전히 arguably의 뜻을 담아낼 수 있습니다.

번역가는 기존의 사전에 없는 뜻에 기어이 이름을 지어주고야 마는 사전편찬자의 마음으로 이 말과 저 말을 잇는 징검다리를 만들어내겠다는 절박감이 있을 때 좋은 번역가가 될 수 있습니다. 사전편찬자는 낯선 말을 만났을 때 건너뛰지 않고 기어이 뜻을 밝혀내는 번역가의 마음으로 이 사전 저 사전을 뒤지면서 기존의 사전에 없는 뜻을 찾아내려는 간절함이 있을 때 좋은 사전편찬자가 될 수 있습니다. 번역가는 사전편찬자입니다. 번역가와 사전편찬자는 영과후진의 동반자입니다.

1) https://historyofinformation.com/image.php?id=3842, https://historyofinformation.com/detail.php?id=3012. 이집트에서 나온 기원전 4세기 중반의 육필 문헌. 그리스 시인 티모테오스의 〈페르시아인〉이 파피루스에 적혀 있다.

2) M. B. Parkes, *Pause and Effect: An Introduction to the History of Punctuation in the West*, Scolar Press, 1992, pp. 10-11.

3) 같은 책, p. 21.

4) Joseph Robertson, *An Essay on Punctuation*, 1785, Preface. www.archive.org.

5) Henry W. Fowler, *The King's English*, The University of Oxford Press, 1906, p. 225. www.archive.org.

6) 김현, 《사라짐, 맺힘》, 문학과지성사, 2019, pp. 21, 22.

7) 라틴어와 그리스어는 명사와 형용사가 격변화를 했기에 단어의 위치가 그리 중요하지는 않았다. 하지만 격변화가 없는 한국어에서는 단어의 위치가 중요하다.

8) 세스 노터봄, 《산티아고 가는 길》, 민음사, 2010, p. 78.

9) http://www.holybible.or.kr

10) Carla Antonaccio, An Archaeology of Ancestors: Tomb Cult and Hero Cult in Early Greece, Rowman and Littlefield, 1995, p. 1.

11) https://www.cnrtl.fr/etymologie/tolerance

12) https://biz.trans-suite.jp/3195

13) Colin Wells, *The Coming Classics Revolution Part I: Argument*, Arion

22.3. 2015년 겨울호. http://www.bu.edu/arion/files/2015/04/Wells.pdf

14) '김우진과 배우는 갑골문 이야기', 〈강진신문〉, 2015년 2월 27일. http://www.gjon.com/news/articleView.html?idxno=31892

15) 영어, 프랑스어, 에스파냐어 같은 유럽어 맞춤법의 역사는 *Orthographies in Early Modern Europe*, (Eds.) Susan Baddeley and Anja Voeste, De Gruyter Mouton, 2012을 토대로 삼았다.

16) Charles Dallet, *L'Histoire de l'Église de Corée*, 1권, INTRODUCTION, LXXXIV, 1874. www.gallica.bnf.fr

17) T. H. Y., Commas or spacing, *The Korean Repository*, January 1896, p. 39. http://anthony.sogang.ac.kr/Repository/Vol0301.pdf

18) L. C. Rothweiler, *The Korean Repository*, March 1892, p. 91. http://anthony.sogang.ac.kr/Repository/Vol0103.pdf

19) Paul Saenger, *Space Between Words*, Chapter 4 Insular Culture and Word Separation in the Seventh and Eighth Centuries, Stanford University Press, 1997.

번역의 모험 – 원문을 죽여야 원문이 사는 역설의 번역론

2021년 11월 11일 초판 1쇄 발행
2022년 9월 5일 초판 2쇄 발행

- 지은이 ─────── 이희재
- 펴낸이 ─────── 한예원
- 편집 ─────── 이승희, 윤슬기, 양경아, 김지희, 유가람
- 펴낸곳   **교양인**
    우 04020 서울 마포구 포은로 29 202호
    전화 : 02)2266-2776 팩스 : 02)2266-2771
    e-mail : gyoyangin@naver.com
    출판등록 : 2003년 10월 13일 제2003-0060